gianmaria **giannetti**

gianmaria

giannetti

lavori **2002_2005**

In copertina

l'anima pesante cade. una questione di gravità?
carta colla smalti olio su tela 150 x 200 cm, 2004/2005

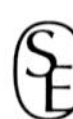

Silvana Editoriale

Progetto e realizzazione
Arti Grafiche Amilcare Pizzi Spa

Direzione editoriale
Dario Cimorelli

Coordinamento editoriale
Anna Albano

Art director
Giacomo Merli

Redazione
Attilia Mazzola

Impaginazione
Anna Aurea, AM Studio

Traduzioni
CTM, Milano

Ufficio iconografico
Sabrina Galasso, Alice Jotti

gianmaria **giannetti**

Testi
Williams Abitbol
Rossana Campo
Florinda Fusco
Ivan Quaroni

Fotografie
Edoardo Caputo
Stefano de Grandis
Mauro De Francesco
Liberti Fotografi
Associazione Culturale Spiazzi, Scheider

Edito in occasione delle mostre:

IN-BOCCA
SpazioBoccaInGalleria
Milano, 5-19 aprile 2006

Libreria Bocca
Locale Storico d'Italia
con il Patrocinio
del Ministero per i Beni
e le Attività Culturali
Medaglia d'oro
della Camera di Commercio di Milano
Galleria Vittorio Emanuele II, 12
20121 Milano – tel. 02 86462321 – fax 02 860806
www.libreriabocca.com
e-mail: libreriabocca@libreriabocca.com

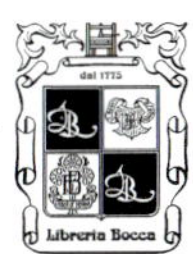

MISONOROTTOLESCATOLE
3ª Edizione del Salone Internazionale dell'Arte Italiana
(in collaborazione con la Camera di Commercio Italiana di Nizza)
Parigi, 19-12 maggio 2006

-2-2 = -2
Galleria Avant Scène
(in collaborazione con Università di Nizza
e Camera di Commercio Italiana di Nizza
e il Club Artisti Franco Italiano)
Nizza, 3 novembre - 26 dicembre 2006

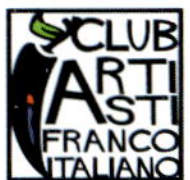

Un particolare ringraziamento a
Williams Abitbol
Associazione Culturale Arteteca
Raffaele Bifulco
Rossana Campo
Club Artisti Franco Italiano
Roberto Coda Zabetta
Antonio Diavoli
Florinda Fusco
GENIS BOUTIQUE
Giacomo e Giorgio Lodetti
Beatrice Bregoli e Michel Orts
al direttore della CCItaliana Agostino Pesce
Ian Tweedy (che ama come me i vecchi libri)
a Vezio Capochiani (collezionista di ossa "buone")
e a tutti quelli che continuano a rendere possibile questo lavoro.

Un ringraziamento di cuore
a papà Marcello, ad Anna, ai miei due fratelli, Caroline e Giancarlo e
alla mia amata F.

www.gianmariagiannetti.com

Filosofia e falegnameria. Le ragioni pratiche di Gianmaria Giannetti

Un piccolo prezioso bagaglio di storia dell'arte appresa all'università, un serio atteggiamento antropologico nell'ispezione incantata del mondo ed un tenace attivismo comunicativo e creativo per le professioni che esercito sono tripletta utile a sostegno del mio sguardo triplice sull'opera di Giannetti, trovandovi dai rimandi all'art brut agli apologhi esistenzialisti e dalla critica al capitalismo alle prassi di comunicazione visiva e sinestetico magnetismo.

L'artista opera con olii densi e carte antiche, smalti odorosi e spray acidissimi, oggetti pesanti e tinte forti, materie vegetali e scampoli, e in gola e negli occhi assumo decisa ruvidezza, un attrito tra cose, una gestione del mondo reale e delle sfere ideali assolutamente suggestiva.

Giannetti sponsorizza la nascita e lo sviluppo di esserini inquietanti. Sagome essenziali da modulare e manovrare secondo l'esigenza del momento: se ne stanno ritti in piedi, questi globuli enfiati ed amorfi, con in testa un accessorio verticale ed in basso due stoppini appena, a fare da sostegno. Dalla citazione ironica di Pollock al globo che gira intorno e che reclina l'essere, e dalla testa mozzata e protagonista all'assenza disciplinare che allontana le inquadrature piane della vita.

L'ordine delle Diagonali è spaventevole nella scacchiera di volti, campionario di piccoli gridi tutti uguali e tutti diversi, testimoni dei molti gradi possibili dello stupore, dell'atterrimento. Nel protagonismo delle sagomacce giganti, cui ci si affida per inquietante disorientamento spaziale, trova posto la matericità degli aggetti, come crepe e increspature pittoriche ovvero pezzi fissati in superficie. Le notti fotografiche su alluminio raccontano il caso dell'impressione luminosa e tutta l'intimità dei piccoli scorci sull'anima.

Si tratta di un'opera pittorica che il gruppo Mo'Art dell'Associazione Culturale ARTETECA ha preso a cuore e intende far migrare a Sud, a Roma prima e a Napoli poi, entro la fine dell'anno in corso. A testimoniare un forte interesse e la stima autentica riposti in un artista suadente e diretto, senza tinte medie né mezze espressioni. Un pittore che straccia i fogli sui quali annota, un poeta che screzia le materie inerti che adopera.

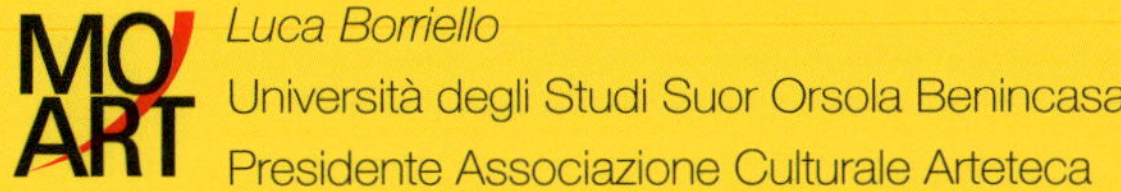

Luca Borriello
Università degli Studi Suor Orsola Benincasa
Presidente Associazione Culturale Arteteca

Quattro cose che dico al mio amico Gianmaria guardando la sua pittura

Rossana Campo

1. In un catalogo dedicato a Gaston Chaissac (a proposito, ti piace il vecchio Gaston? a me tanto, forse non è uno dei grandi capi dell'arte ma giustamente mi piace anche per questo) trovo che questo signore che ha vissuto una vita molto da *outsider*, una vita senza soldi, nella campagna francese, ma in completa libertà e ha potuto così sperimentare e divertirsi molto con la pittura, la scultura, i collage, la scrittura... Chaissac dice della sua arte: (prima in originale, che è così bello): "mon but vise à représenter le non talent, la peinture malhabile, négligée, vacillante, incertaine, artificielle..."
Personalmente, questo è ciò che mi esalta nei pittori e anche negli scrittori, quando sanno tirare fuori questo coraggio, del non-talento, della non-abilità, non-bravura, tutto quello che vacilla e è incerto. Detto fra noi, anche nelle persone mi piace trovare questo e per questo mi annoia parecchio la maggior parte degli esseri umani, perché qui tutti vogliono essere sempre all'altezza della situazione, sempre belli, ricchi, con le belle automobili e le belle fidanzate/i.

2. adesso un'altra cosa, io credo che la pittura, proprio l'atto del dipingere e tutti i suoi materiali, le tele i pennelli i colori i solventi gli odori, le ore passate in solitudine dentro se stessi, magari con la musica anche, è una specie di droga fantastica. E una volta che l'hai provata e ti è entrata nel sangue non puoi farne più a meno. Soppianta un po' tutti gli altri enzimi, comanda la ghiandola pineale, e come per l'eroina, il solo antidoto alla pittura è la pittura stessa.

3. libertà nella pittura. Credo che si diventi artisti per darsi delle regole, per trovare un modo di stare al mondo secondo regole che ci diamo noi, che stanno bene a noi. Contro le regole del mondo. Un artista, come uno scrittore, se è davvero tale (se fa sul serio, se non è solo uno che passa il suo tempo a buttare giù colori su una tela o a riempire i fogli con le sue cazzate) compie una specie di cammino di autoeducazione, di autodisciplina, e si costruisce la sua vita e il suo lavoro in libertà, mettendosi al mondo da sé, contro il discorso dominante, contro le regole che hanno cercato di imporgli. Chi?
La scuola, le scuole, la famiglia, le chiese, le religioni, il gruppo, le fidanzate e i fidanzati, i mariti e le mogli, le mode culturali...

4. uno dei miei artisti preferiti in assoluto, uno di quelli che torno sempre a guardare e a leggere anche, è Dubuffet, e così ti voglio trascrivere una delle molte cose interessanti che ha detto: "I bambini, come i pazzi, sono fuori dal sociale, fuori dalla legge, asociali, alienati: proprio quello che l'artista deve essere. Ecco da dove viene il sapore dei loro disegni, la libertà d'invenzione che in loro troviamo, la facilità e la disinvoltura delle loro trascrizioni, il loro ardimento e soprattutto (ed è questa la chiave di volta della pittura) la forte capacità di 'vedere' sul serio ciò che è dipinto, senza che lo spirito critico intervenga subito, come succede nell'adulto, nel 'professionista', a impedirlo."

Io non sopporto i professionisti dell'arte, se un artista non sa mantenersi un po' nell'incertezza, e in quello che i maestri buddisti chiamano "lo spirito del principiante" per me perde qualunque interesse. Che ne dici?

Quelques pensées adressées à mon ami Gianmaria en regardant ses tableaux

Rossana Campo

1. Dans un catalogue dédié à Gaston Chaissac (au fait, tu aimes le vieux Gaston ? Moi, je l'adore. Ce n' est peut-être pas l' un des plus grands piliers de l'art mais c' est bien pour ça que je l'aime aussi) je trouve que cet homme qui a vécu comme un véritable *outsider*, une vie sans argent, dans la campagne française, mais en totale liberté et qui a ainsi pu expérimenter et prendre beaucoup de plaisir à peindre, sculpter, faire des collages, écrire... Chaissac parle en ces termes de son art : "mon but vise à représenter le non talent, la peinture malhabile, négligée, vacillante, incertaine, artificielle...". Personnellement, c'est précisément ce qui me touche chez les peintres et aussi chez les écrivains, à savoir lorsqu'ils arrivent à exprimer ce courage, du non talent, de la non habileté, de la non bravoure, tout ce qui vacille et est incertain. Soit dit entre-nous, c'est aussi ce que j'aime retrouver chez les gens et c'est pour cela que la plupart des êtres humains m'ennuient beaucoup car ils veulent tous être constamment à la hauteur de la situation, toujours beaux, riches, avec de belles voitures et de splendides fiancé(e)s à leurs côtés.

2. Je voudrais ajouter maintenant une autre chose : je crois que la peinture, le fait même de peindre et tous ses matériaux, les toiles, les pinceaux, les peintures, les solvants, les odeurs, les heures passées en solitude en pleine introspection, parfois même avec la musique, est une sorte de drogue fantastique. Et une fois que tu y as goûté et qu'elle commence à circuler dans tes veines, tu ne peux plus t'en passer. Elle remplace un peu tous les autres enzymes, elle commande la glande pinéale, et tout comme pour l'héroïne, la seule antidote à la peinture est la peinture elle-même.

3. La liberté dans la peinture. Je crois que l'on devient artiste pour se fixer des règles, pour trouver un équilibre dans ce monde en fixant nous-mêmes les règles qui nous conviennent. Contre les règles du reste du monde. Un artiste, de même qu'un écrivain, s'il est vraiment ce qu'il dit d'être (s'il est sérieux, s'il ne s'agit pas seulement de quelqu'un qui passe son temps à étaler des couleurs sur une toile ou à remplir des pages d' inepties), parcourt une sorte de voie d'autoéducation, d'autodiscipline, et construit ainsi sa vie et son travail en tout liberté, en s'inventant lui-même, contre les idées dominantes, contre les règles qu'on a essayé de lui inculquer. Qui ça ? L'école, les écoles, la famille, les églises, les religions, le groupe, les fiancées et les fiancés, les maris et les femmes, les modes culturelles...

4. L'un de mes artistes préférés en absolu, un de ceux que je vais toujours revoir et relire aussi, est Dubuffet, et je tiens pour cela à te rapporter l'une des nombreuses choses intéressantes qu'il a dites : "Les enfants, comme les fous, vivent en dehors de la société, en dehors de la loi, asociaux, aliénés : exactement ce que l'artiste doit être. Voici d'où vient la saveur de leurs dessins, la liberté d' invention que nous trouvons chez eux, la facilité et la désinvolture que leurs transcriptions, leur hardiesse et surtout (et c'est cela même qui est la clé de voûte de la peinture) leur grande capacité de 'voir vraiment ce qui est peint, sans que l'esprit critique intervienne tout de suite, comme cela se produit chez l'adulte, chez l''expert', et ne les bloque".

Je ne supporte pas les professionnels de l'art, si un artiste ne sait pas se maintenir un peu dans l'incertitude, et dans ce que les maîtres bouddhistes appellent "l'esprit du débutant", pour moi il perd tout intérêt. Qu'en penses-tu ?

Four things to say to my friend Gianmaria on his painting

Rossana Campo

1. In a catalogue dedicated to Gaston Chaissac (on that subject, do you like old Gaston? I do, a lot. Maybe he isn't one of the great masters of art, but that's one of the things I like about him), I found that he lived an outsider's life, without money, in the French countryside, but in complete freedom, and this way he was able to experiment and have lots of fun with painting, sculpture, collage, writing and so on. On the subject of art, Chaissac said "mon but vise à représenter le non talent, la peinture malhabile, négligée, vacillante, incertaine, artificielle."

Personally, this is what I like in painters and writers, when they're able to find this courage, non-talent, non-ability, non-virtuosity, everything that vacillates and is uncertain. Just between ourselves, it's something that I like in people too, and this is why most human beings bore me, because they all want to be in control of the situation all the time, always rich, good looking, with nice cars and the right lovers.

2. Another thing – I think painting, the very act of painting and all its materials, the canvases, brushes, colours, solvents and smells, the hours spent in solitude inside yourself, maybe with music playing, is a kind of fantastic drug. And once you've experienced it and it's got into your blood you can no longer do without it. In a way, it takes over from all the other enzymes, controls the pineal body and, like heroin, the only antidote to painting is painting itself.

3. Freedom in painting. I think you become an artist to give yourself rules, to find a way of being in the world on the basis of our own rules, the ones that suit us. Against the rules of the world. An artist, like a writer, if that's what you really are (if you do it seriously, not just as a way to pass your time, throwing colours on a canvas or filling up the pages with drivel), goes on a kind of voyage of self-education, self-discipline, and builds up his life and work in freedom, placing himself in the world on his own, against the dominant discourse, against the rules they've tried to impose on him. Who? The school, the family, the churches, religions, groups, boyfriends and girlfriends, husbands and wives, cultural fashions, and so on.

4. One of my very favourite artists, one whose works I return to again and again, is Dubuffet, andn I'd like to write down one of the many interesting things he said: "Children, like the insane, are outside society, outside the law, antisocial, alienated, and that's exactly what the artist has to be. This is where the flavour of their drawings comes from, the freedom of invention we find in them, the ease and simplicity of their transcriptions, their courage and, above all – and this is the key to painting – the powerful ability to really see what's painted, without the critical spirit that in the adult or professional immediately intervenes to prevent them from doing so."

I can't stand the professionals of art. If an artist is unable to retain a certain uncertainty and what the Buddhist masters call "the spirit of the beginner", I lose all interest in them. What do you think?

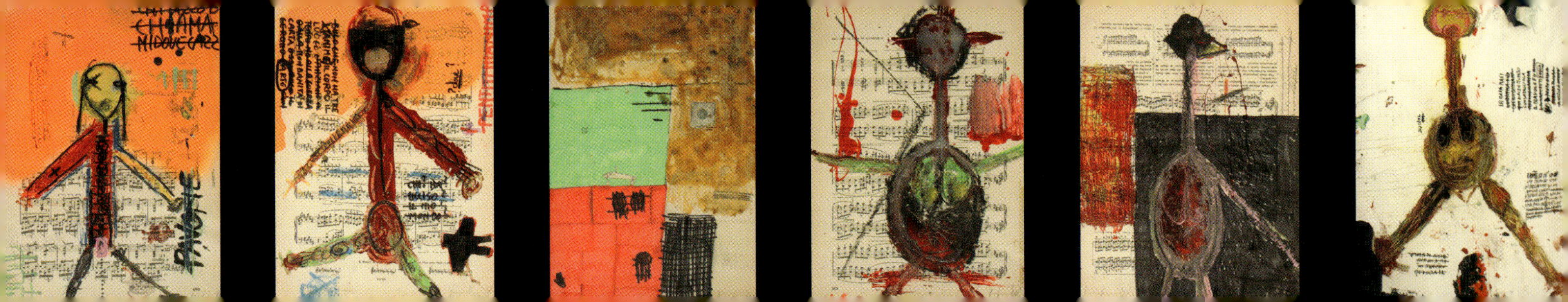
CHIAMA

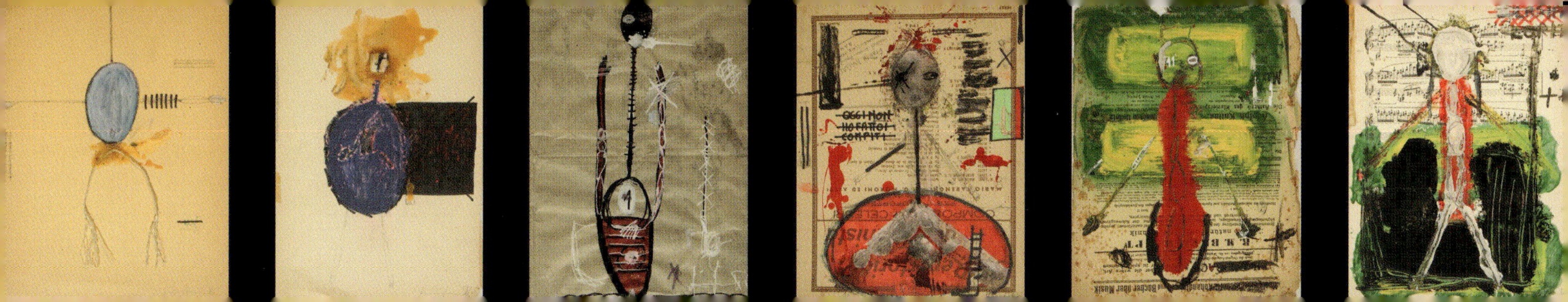

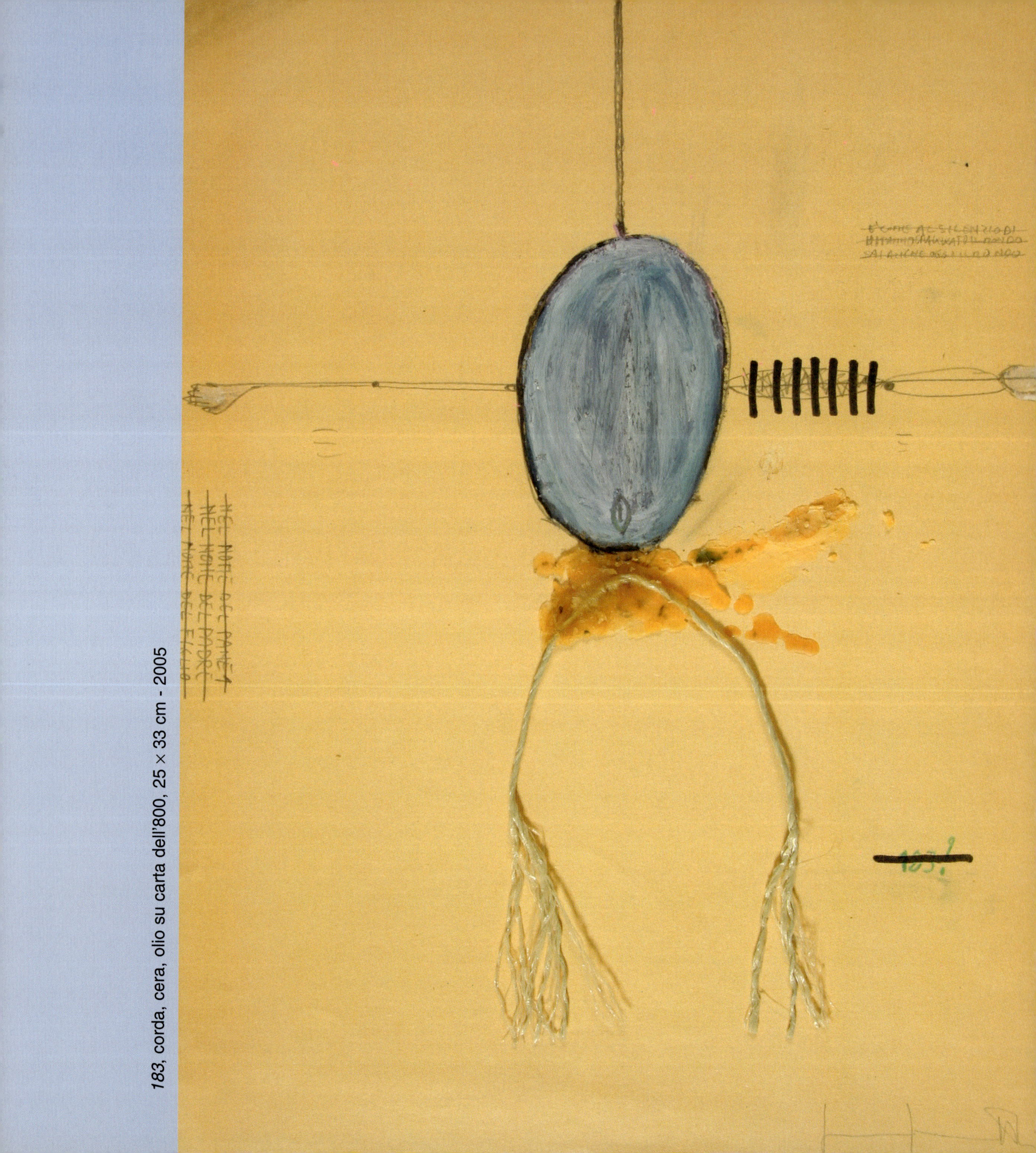

183, corda, cera, olio su carta dell'800, 25 × 33 cm - 2005

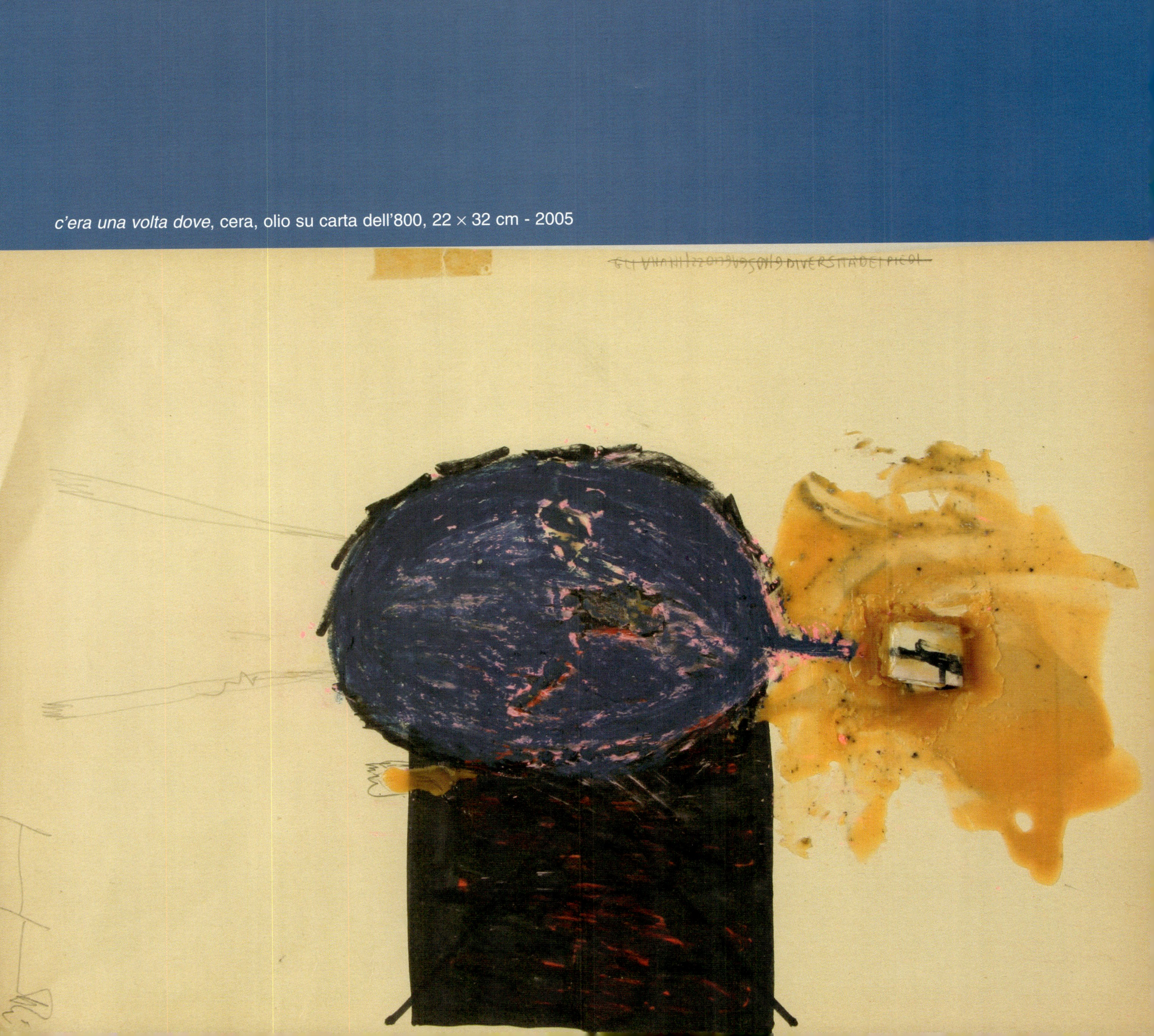

c'era una volta dove, cera, olio su carta dell'800, 22 × 32 cm - 2005

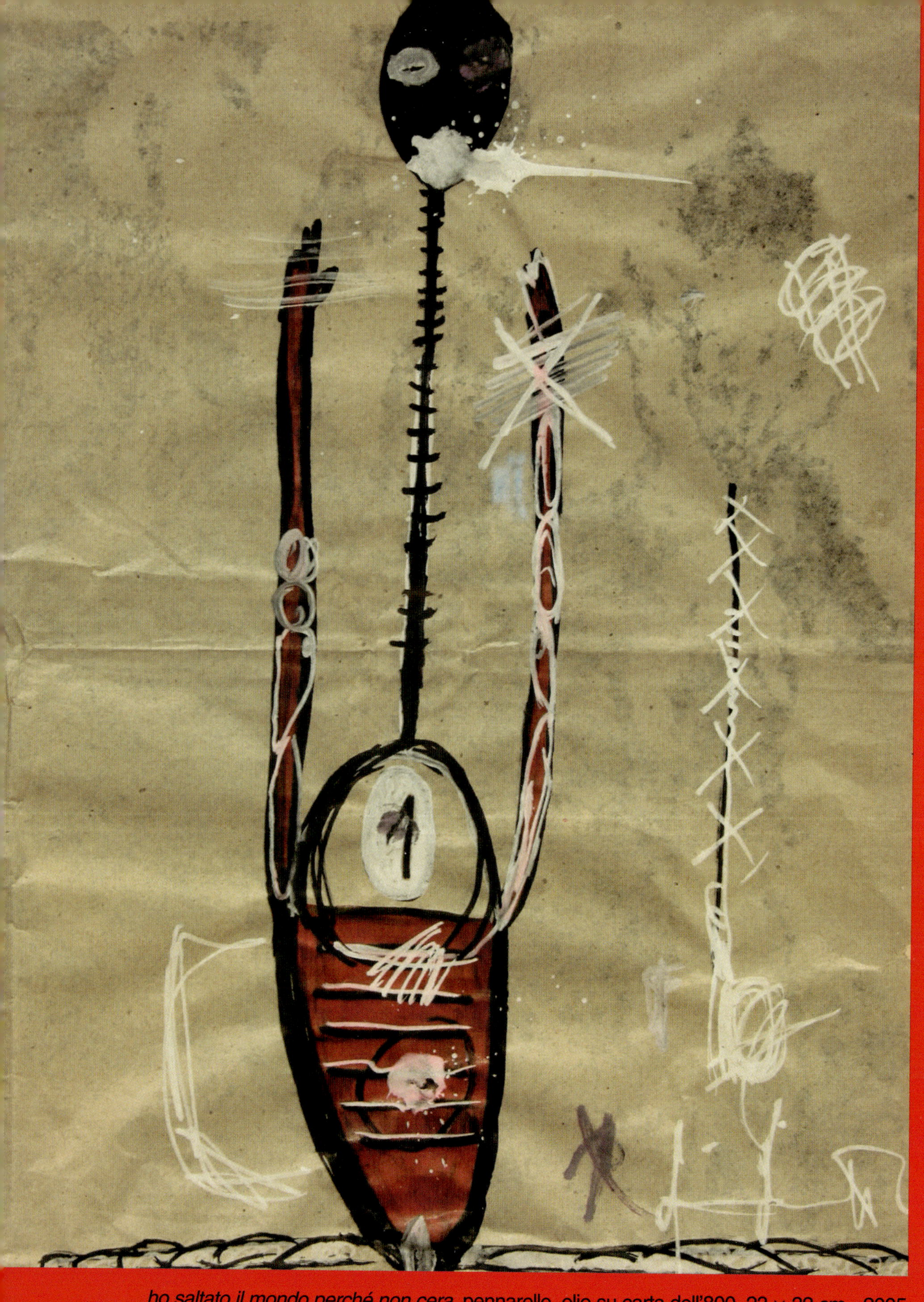

ho saltato il mondo perché non cera, pennarello, olio su carta dell'800, 23 × 32 cm - 2005

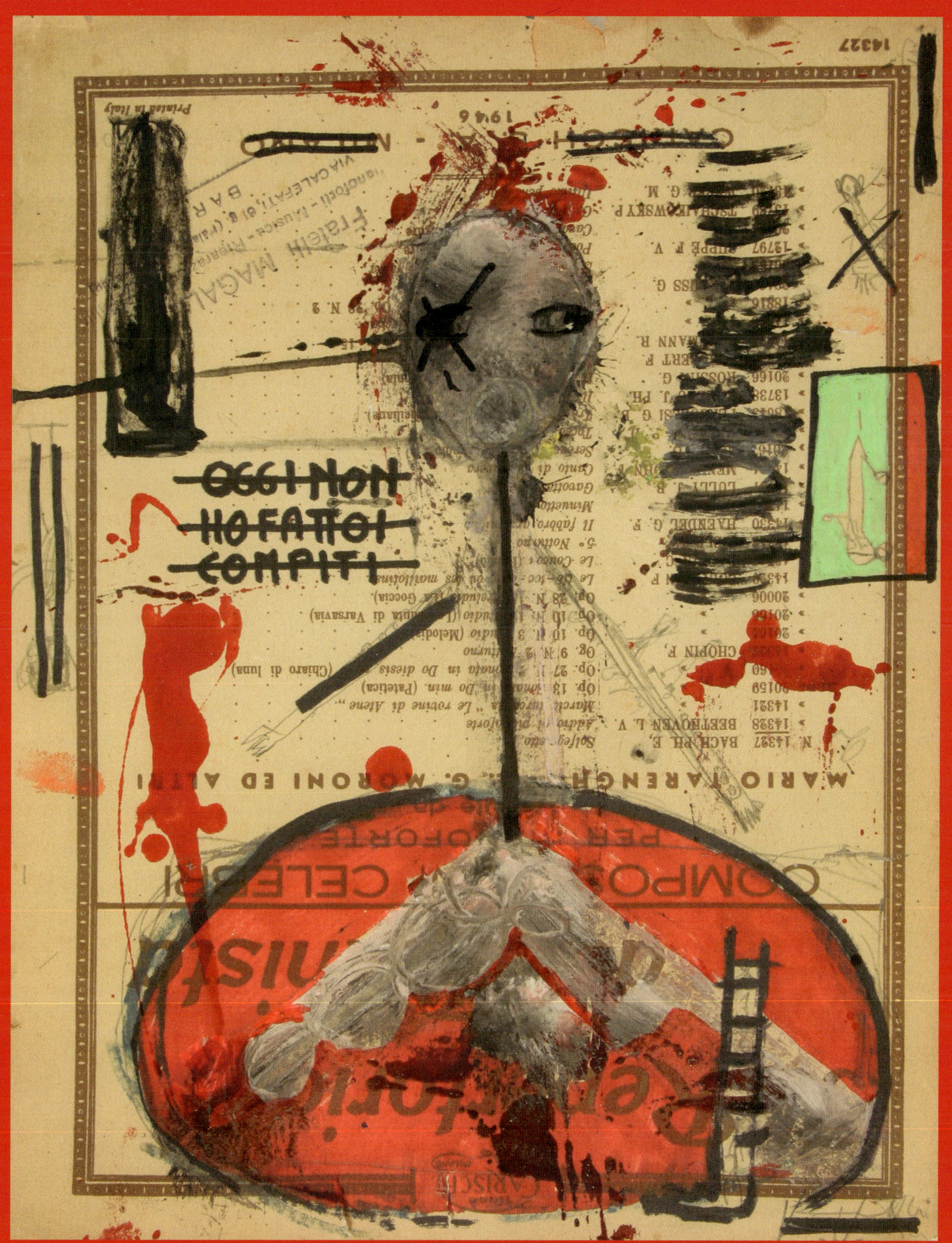

non ho fatto i compiti, pennarello, matite su carta/spartito dell'800, 23 × 32 cm - 2005

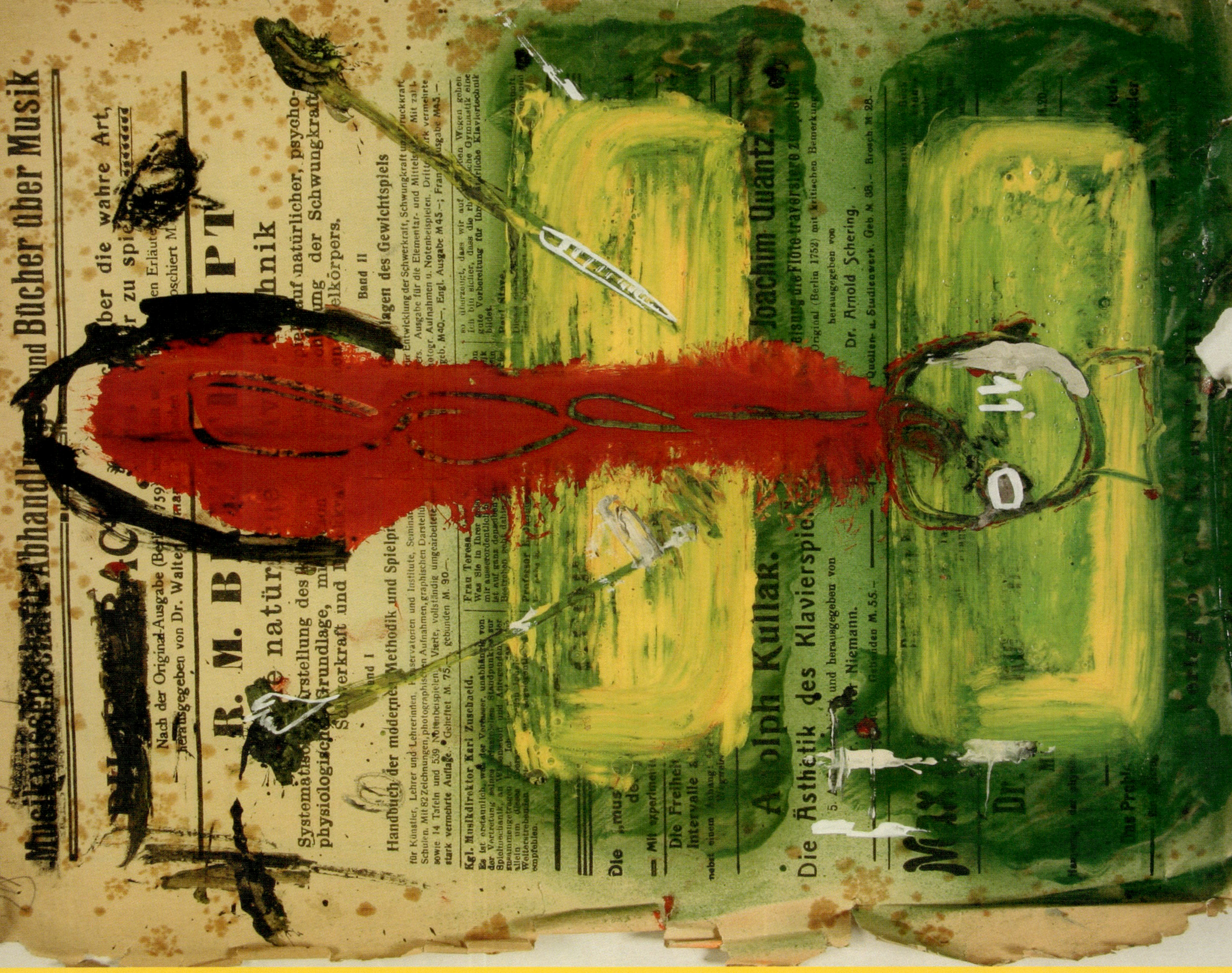

11, smalti, pennarelli olio su carta/spartito dell'800, 26 × 35 cm - 2005

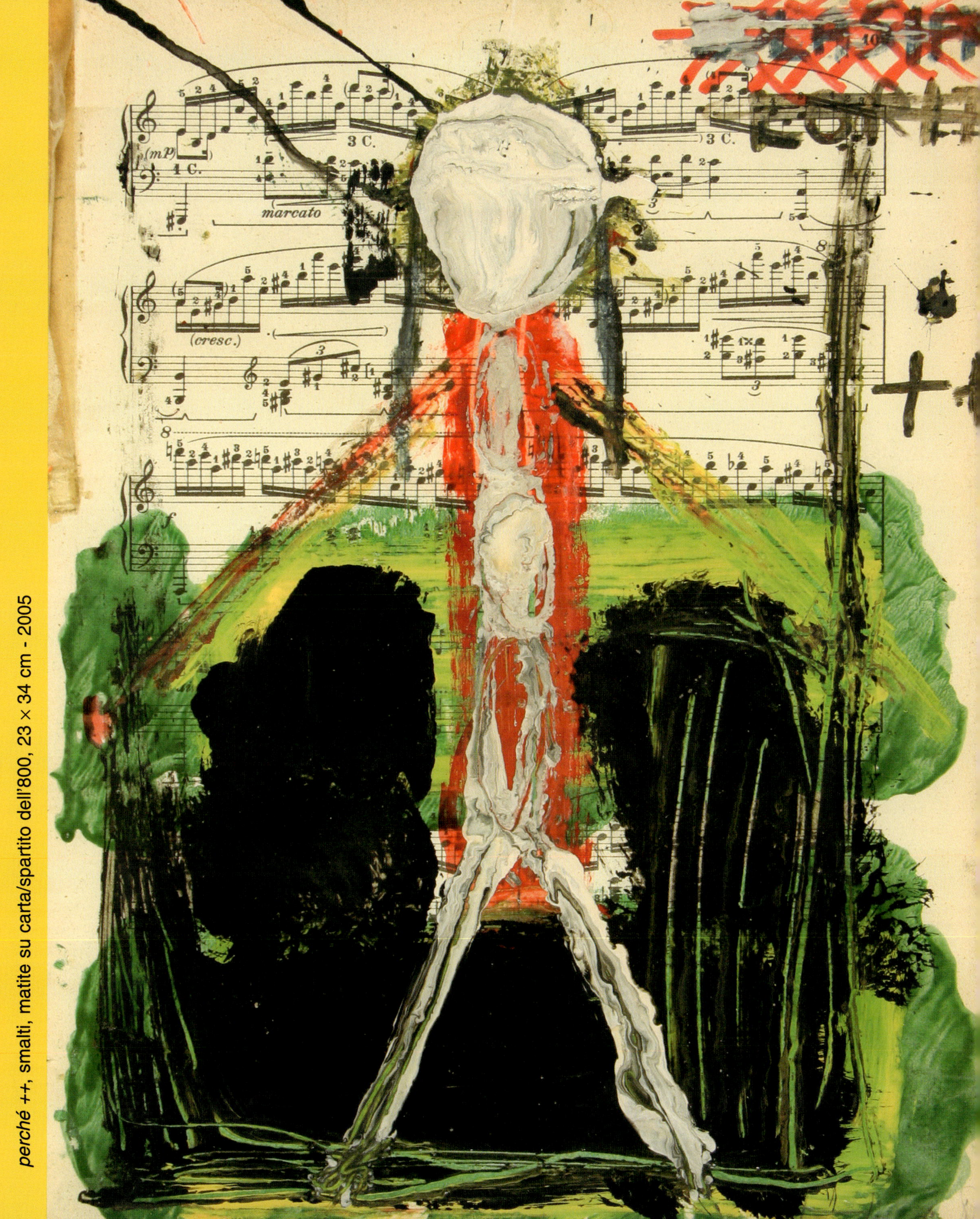

perché ++, smalti, matite su carta/spartito dell'800, 23 × 34 cm - 2005

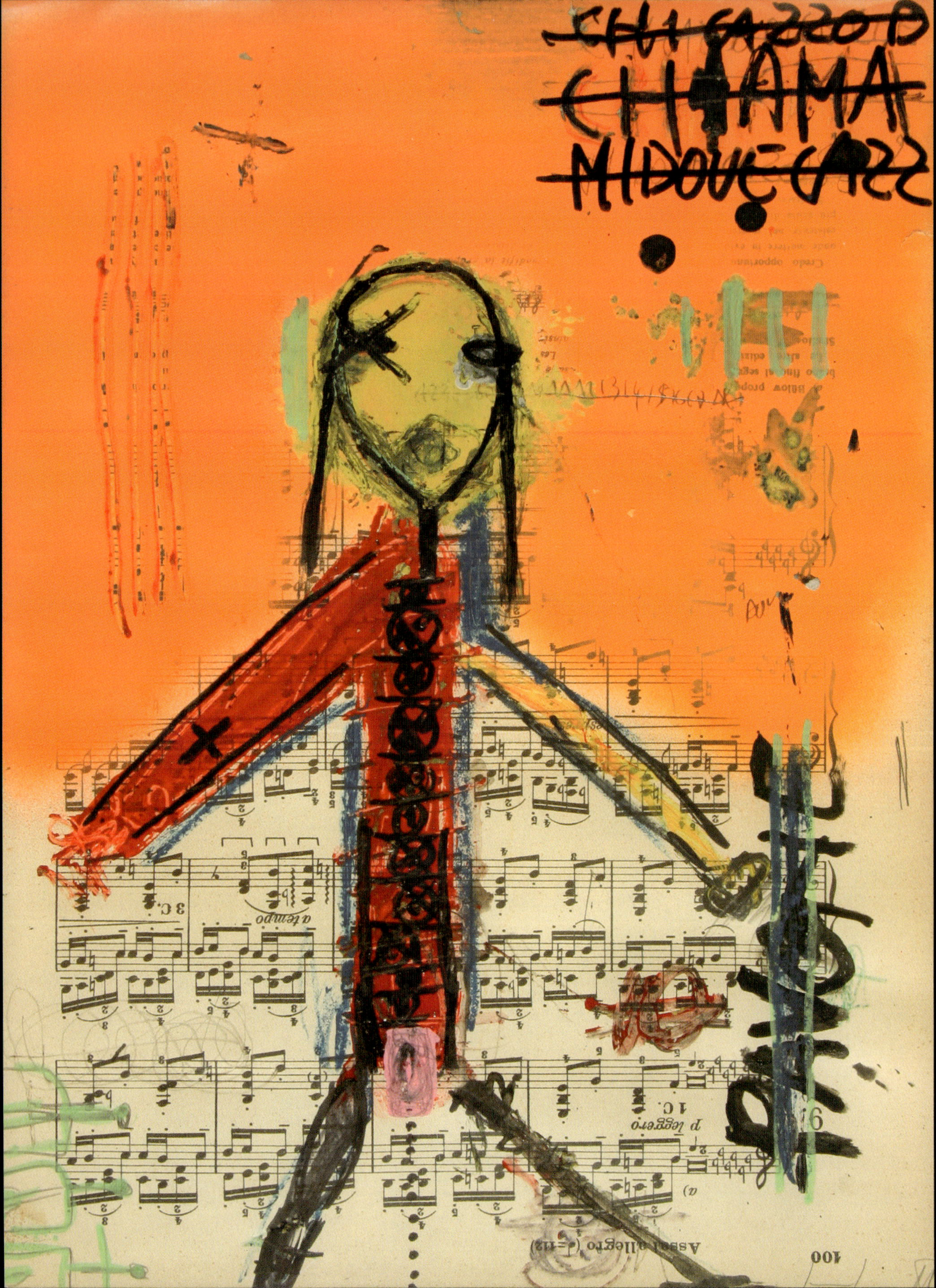

pavone chi, smalti, matite olio su carta/spartito dell'800, 23 × 33 cm - 2005

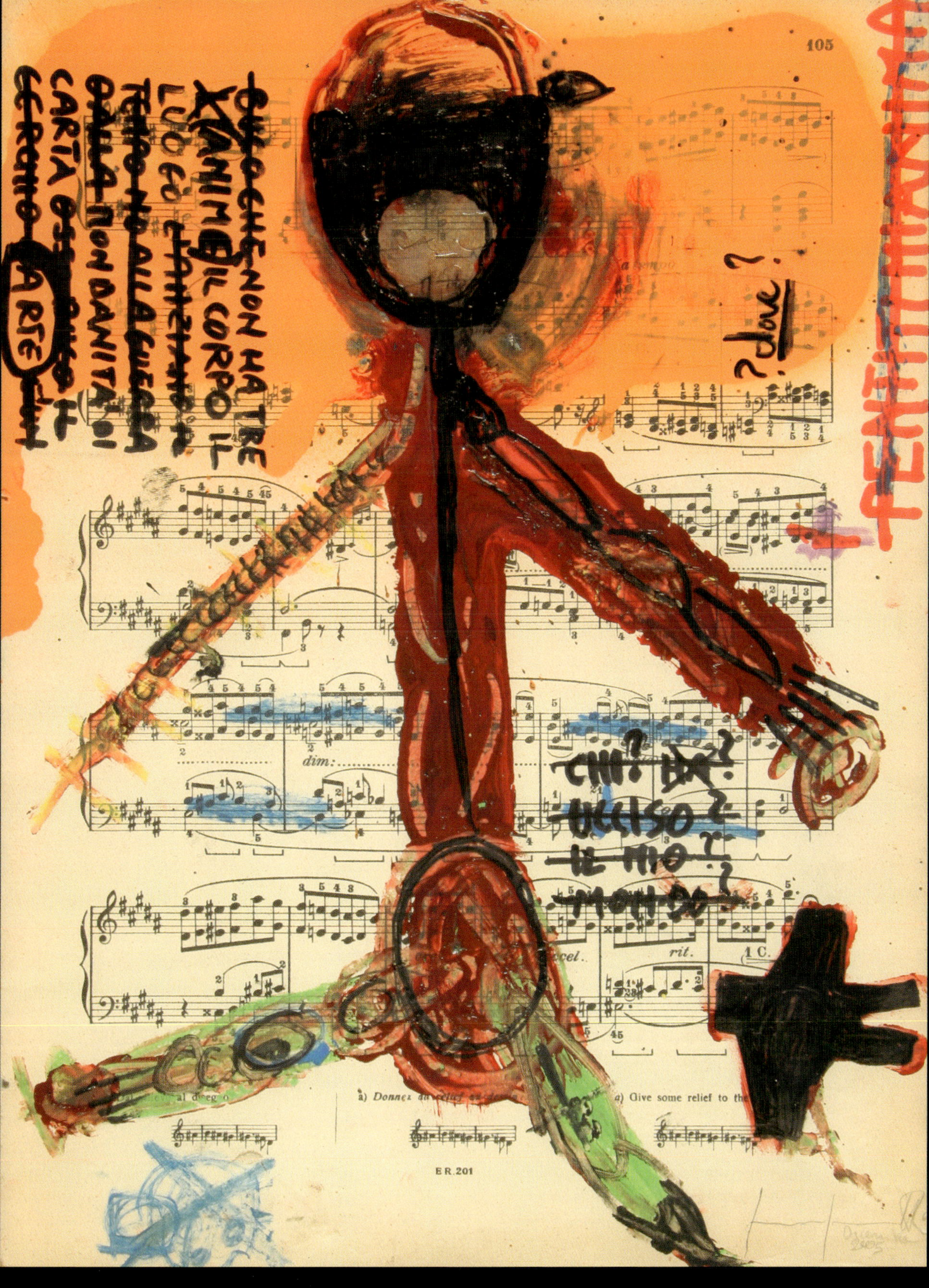

chi(h)auccisoilmiomondo, smalti, olio su carta/spartito dell'800, 23 × 33 cm - 2005

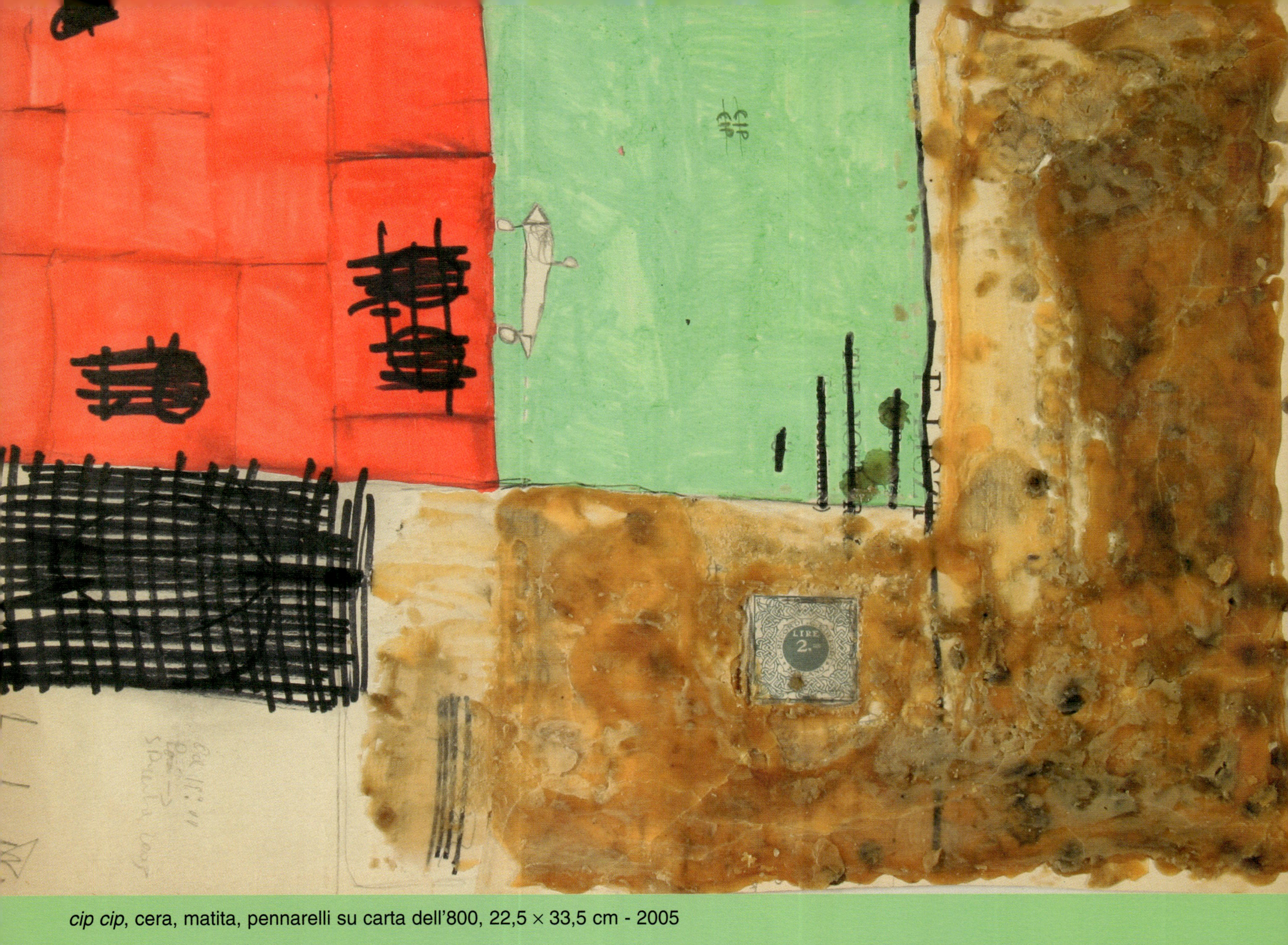

cip cip, cera, matita, pennarelli su carta dell'800, 22,5 × 33,5 cm - 2005

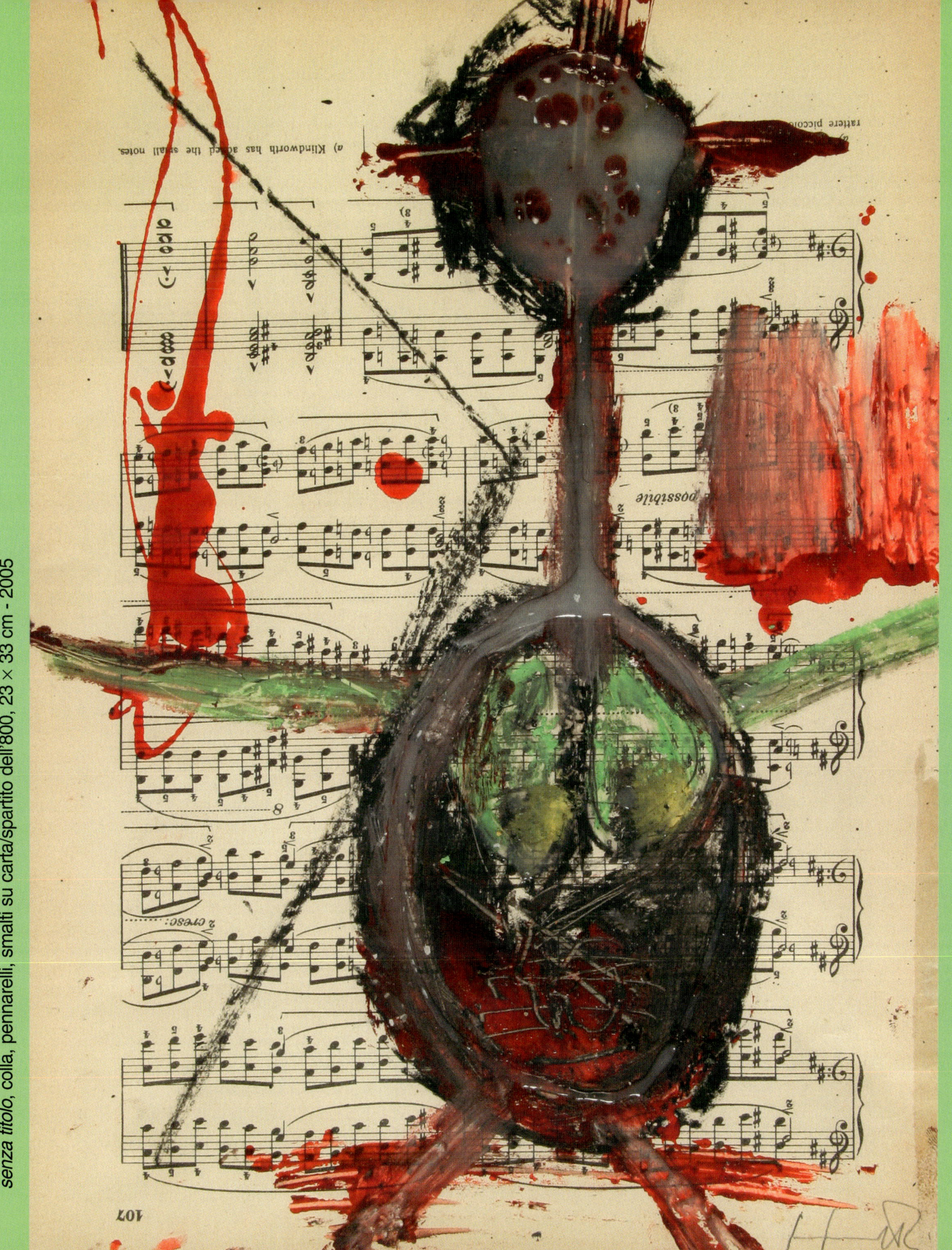

senza titolo, colla, pennarelli, smalti su carta/spartito dell'800, 23 × 33 cm - 2005

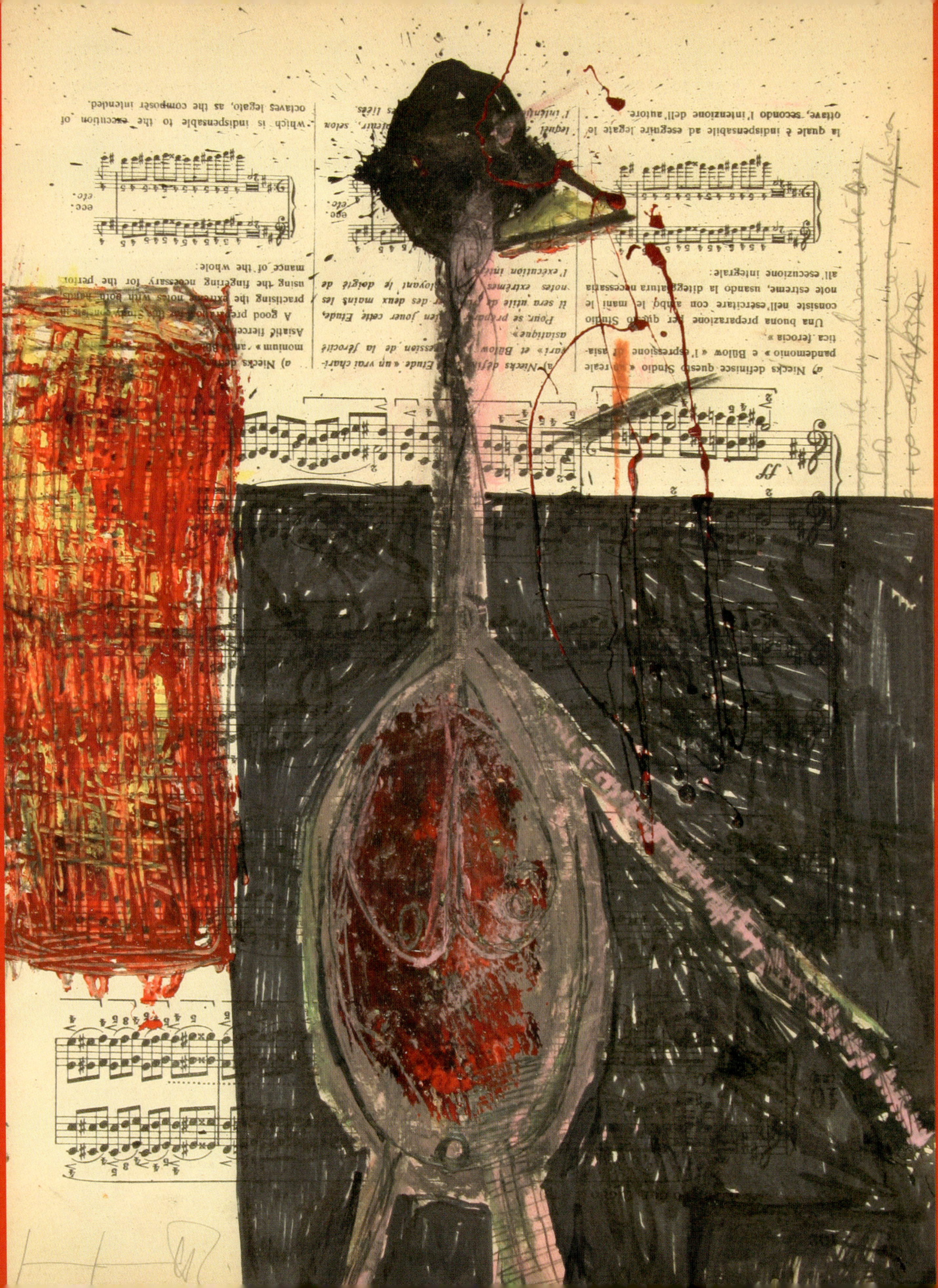

pollerezza, smalti, pennarello su carta/spartito dell'800, 23 × 33 cm - 2005

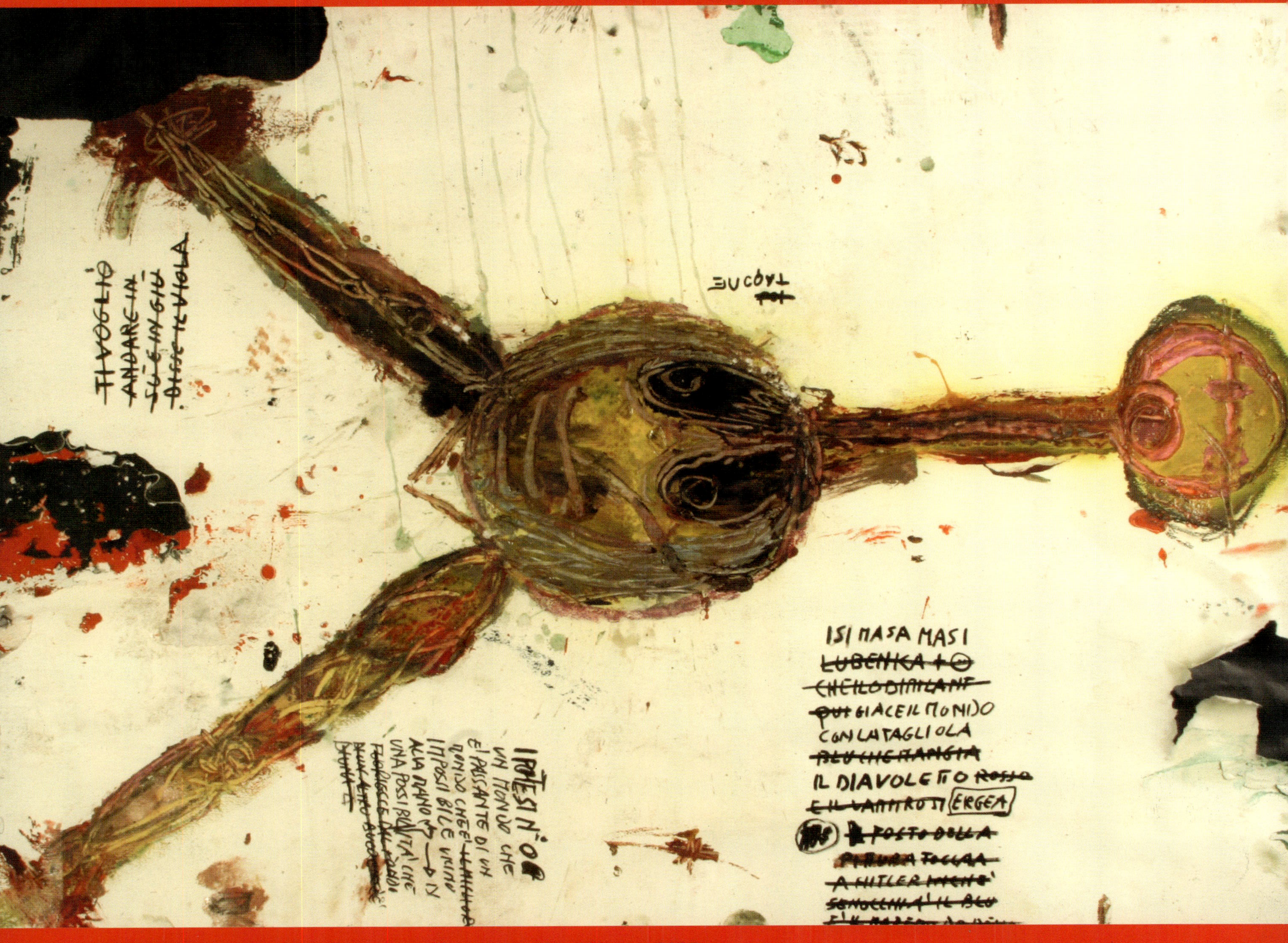

in chiesa la domenica, smalti, olio, pennarelli su carta, 70 × 100 cm - 2005

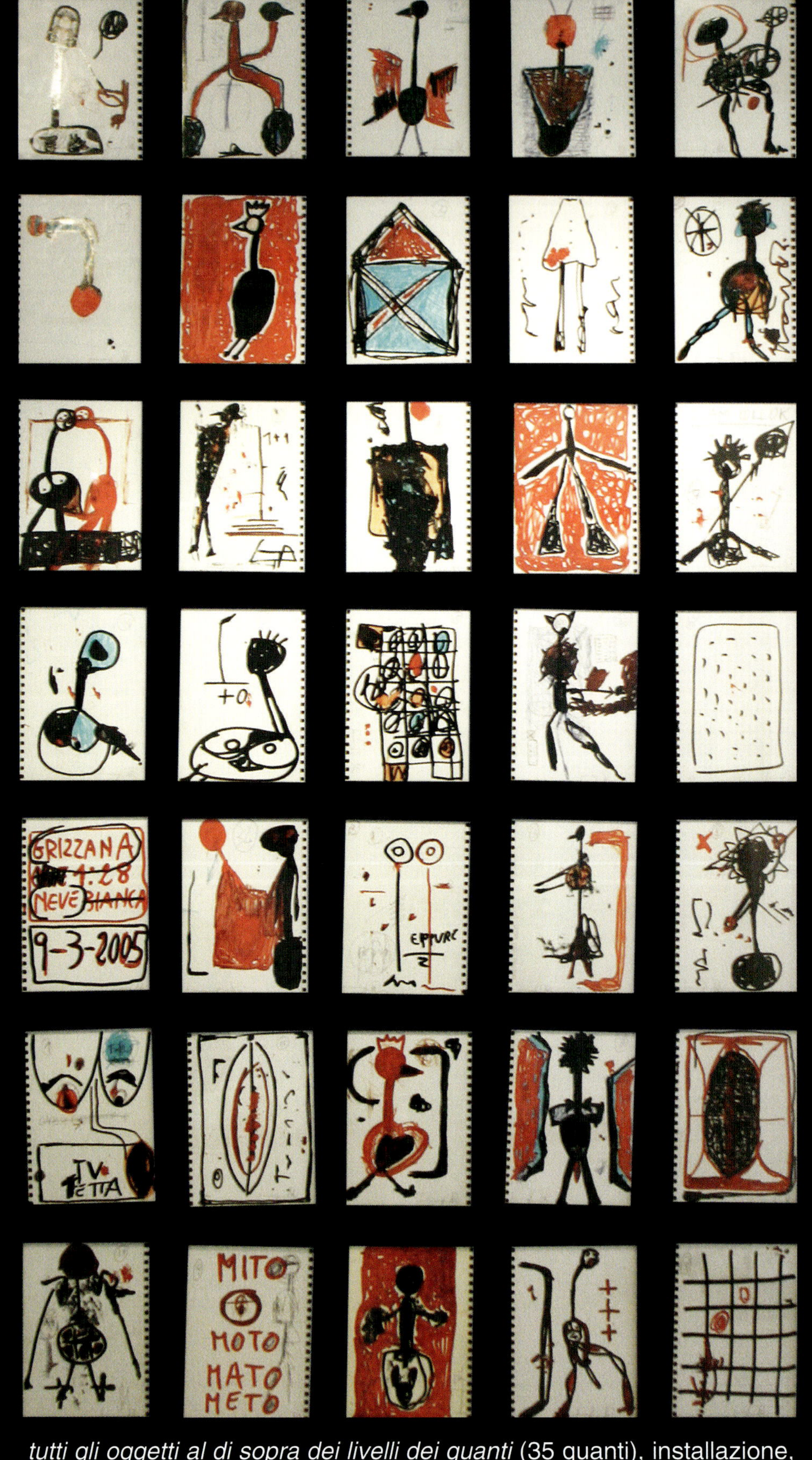

tutti gli oggetti al di sopra dei livelli dei quanti (35 quanti), installazione, pennarelli su cartoncino lucido + cornice nera dimensioni variabili - 2004/2005

A domanda risponde...
L'interrogatorio di Gianmaria Giannetti

a cura di Ivan Quaroni

Ti sei dedicato all'arte a partire dai primi anni novanta, occupandoti, però, anche di altre cose. Raccontami, qual è stata la tua formazione?

Prima di tutto dovremmo intenderci sulla parola arte. Ma per intenderci dovremmo definirla... Cos'è l'arte? È il pubblico? È il mercato? E gli artisti chi sono? Molti artisti mancano di necessità interiore (si potrebbe dire) e sono spesso funzionari dell'arte. Gli sponsor, le banche e le fondazioni sono interessate al plusvalore dell'artista, al suo grado d'inserimento nel mercato dell'arte più che all'arte in sé.

Il modo più semplice per tradire l'arte è definirla. Non appena si definisce che cos'è l'arte, l'arte è morta, per favore lasciamola indefinita.

Io mi sono sempre dedicato all'arte. La mia formazione artistica non è stata assolutamente accademica (e per fortuna). Non ho *imparato a imparare* l'arte nelle accademie. L'arte non s'impara, diviene. Ho studiato filosofia all'Università Statale di Milano e ho viaggiato molto, vedendo l'arte dal vivo in tutto il mondo, seguendo l'idea di *divenire* sempre, come se vivessi e agissi in una condizione sperimentale continua.

Perché (e come) a un certo punto hai deciso di iniziare a dipingere?

Perché non potevo fare altro. Ho iniziato a dipingere, cioè a *non dipingere*. La mia prima "opera" l'ho fatta verso i sedici anni: ho raccolto, dopo una mareggiata, oggetti arrugginiti che il mare aveva lasciato sulla battigia, li ho inchiodati su una tavola di legno e li ho bruciati. Credo che trovare, raccogliere, assemblare e bruciare siano le caratteristiche della società contemporanea capitalistica. Ho sfruttato le risorse naturali della mia terra (in quel periodo vivevo al mare), cercavo nei boschi arbusti o altro e facevo delle grandi compressioni materiche con silicone e plexiglas. Il mio lavoro all'inizio è stato archeologico, primitivo e di solitudine. Questi lavori, li chiamai "mondi sommersi" o "quadri da buttare via". Non erano dipinti: erano *strati di energia*. Avevo molta energia, rabbia all'inizio. Ora (dopo circa quindici anni di ricerca) ho più coscienza della pittura: sono passato da un'energia primaria, come di spaesamento, a una forma più propriamente pittorica.

Tu sei anche un poeta, e hai pubblicato i tuoi scritti in diverse raccolte. Puoi spiegarmi qual è, secondo te, il legame tra la tua produzione poetica e pittorica? Quali sono le differenze e le affinità?

Prima di tutto, tengo a dire che vorrei conoscere tutto (utopisticamente), cinema, teatro, pittura, poesia, non ho paura della conoscenza. Ma non è possibile, quindi convivo sempre con la smania della conoscenza. Combatto sempre contro la mia ignoranza, ma la conoscenza porta sempre di più alla consapevolezza della propria ignoranza. Paradossalmente, l'uomo saggio è l'uomo che sa di essere ignorante, perché sa di non sapere.

Io tendo sempre alla mia verità e convivo sempre col dubbio e con i miei errori: li uso metodologicamente per lavorare. Un artista oggi può adoperare diversi media (poesia, pittura, fotografia, video) per dire qualcosa. Ho pubblicato diversi testi in antologie varie. *Escatologia (di una piuma)* è il mio primo libro di poesia. È un libro gridato, giovanile, viene dall'inferno, da un inferno personale, rispecchia gli strati d'energia e rabbia dei miei primi lavori pittorici chiamati *mondi sommersi*. Nella mia poesia, come nella mia pittura, aspetto attivamente l'origine. C'è sempre (credo) l'uscire di senno nella mia arte (il *delirare)* che poi diventa contenuto artistico. Tra la mia pittura e la mia poesia ci sono (forse) strati dell'essere differenti che vengono alla luce e rispecchiano la mia verità personale e la mia ricerca incessante, spasmodica, spastica. Tutto è in tutto? 1 + 1 fa 2? Il mio fare arte oggi sta anche nel conservare ogni scontrino dal 1° gennaio 2006 per un anno. Ogni giorno ha un prezzo, un valore, un valore economico, sociale, storico e individuale.

Spiegami meglio questa faccenda degli scontrini. Di che cosa si tratta?

Nel 2006 cercherò di realizzare il lavoro *365: per una metodologia antisociale (1 gennaio 2006 - 31 dicembre 2006).* In sostanza, raccolgo e incollo su supporti semplici e poveri tutti gli scontrini fiscali che ricevo, al fine di realizzare un'installazione. Ogni giorno ha un prezzo, un valore, una forma o un vuoto. Questo lavoro ha un valore metodologico d'accumulazione e di "antisocializzazione", perché la gente accumula prodotti, ma non accumula scontrini. La raccolta dei propri scontrini e la loro messa in "opera d'arte" può rappresentare qualcosa? Forse cosa siamo in parte diventati? Siamo solo il potere che abbiamo di raccogliere scontrini? Io sono lo scontrino di una bottiglia?

Il tuo modo di considerare l'arte riflette, a mio parere, una visione tipicamente romantica, che lascia ampio spazio alla pura espressione dell'individualità (l'insistenza sull'esperienza del delirio e dell'uscire di senno). Non credi che l'arte debba anche confrontarsi con problematiche legate alla cultura e alla società contemporanee?
È una provocazione? Spero e immagino di sì. Se io sono romantico tu sei Ivan il terribile! Definiresti romantica l'Art Brut? Sono certo di no. E l'esperienza di Basquiat, di Dubuffet o di Bacon? Quando uso il termine "delirio" lo uso in senso deleuziano: "non c'è delirio che non passi attraverso i popoli, le razze, le tribù, e che non frequenti la storia universale. Ogni delirio è storico mondiale". L'arte, secondo me, deve assolutamente relazionarsi con tutto il contemporaneo. Non deve e non può essere claustrofobica o autoreferenziale, proprio perché la nostra società è claustrofobica e autoreferenziale. L'"io" non può più esistere nell'arte contemporanea, ma deve necessariamente trasformarsi in "egli" o in "noi". Ritengo che tutto questo sia più che assimilato da un qualsiasi artista abbia un minimo di consapevolezza. Nel mio lavoro c'è progettualità, nel senso di una costante ricerca. Il mio progetto è la ricerca di una forma ed è una ricerca continua e inesausta. Ogni forma che perseguo mi conduce a un'altra forma e poi da questa passo a un'altra ancora. Certamente non c'è predeterminismo in quello che faccio. La mancanza di predeterminismo è, inoltre, una risposta alla predeterminazione sociale a cui siamo costantemente sottoposti nella società-mercato e, nello specifico, nella micro società-mercato artistica. Dunque, c'è un progetto e c'è una consapevolezza, ma questi sono concetti che non devono e non possono essere associati solo o semplicemente alla razionalità. C'è una frase che mi ha scritto Roberto Coda Zabetta e che condivido profondamente: "La mia vita è un progetto, non razionale. Sarebbe bello vedere un popolo rischiare, proprio come stiamo facendo noi."

Quando ci siamo incontrati al Caffè della Triennale, abbiamo parlato della questione del linguaggio nell'arte. Ho la sensazione che tu privilegi l'urgenza espressiva rispetto all'indagine linguistica. La pittura è una grammatica in continua evoluzione: i più grandi artisti, da Picasso a Bacon, hanno saputo rinnovare la pittura anche dal punto di vista formale. Qual è il tuo pensiero in merito?
Prima di tutto, io non faccio distinzione tra tensione espressiva e lavoro sul linguaggio. Si comprendono vicendevolmente, sono la stessa cosa. La tensione espressiva è inevitabilmente lavoro sul linguaggio della pittura. Di Picasso m'interessa in particolar modo l'ultima fase, quando cerca di disimparare a dipingere, a disegnare come un bambino, istintivamente. Quest'ultima fase è stata sicuramente una sorta di passaggio del testimone a Basquiat. Come diceva Warhol "Basquiat è il nuovo Picasso". Bacon inizia a dipingere dopo aver visto a Parigi una mostra di Picasso. Bacon dice: "quando ho dipinto il papa che grida, non era quello che mi ero prefisso di fare [...] volevo dipingere una bocca, con la bellezza del suo colore e tutto il resto, che fosse come un tramonto di Monet, non intendevo fare solo un papa che grida." In Bacon gli organi sono decontestualizzati e ricollocati. La bocca diventa ano, l'ano bocca e così via. Bacon è sempre stato teso verso la propria verità e, così, ha strappato qualche velo della realtà. Non ha mai parlato di un *a priori* in pittura, di una sua grammatica. Dipinge (come) nella nebbia, condivide l'errore, il mistero della pittura. Cos'è la pittura? Chissà, risponde Bacon. Come per Giacometti, la pittura di Bacon è solo la rappresentazione della propria realtà. Giacometti è stato etichettato come esistenzialista, ma Giacometti, parlando di sé, diceva di dipingere solo e sempre la stessa testa e di continuare a sbagliare. Anche a me interessa l'errore e l'inatteso. Trovo nell'errore una grande ricchezza conoscitiva, una nuova spinta alla ricerca. Convivo con l'errore attraverso il caso (il caos) e la mia volontà.

Spiegami in che modo nasce un tuo lavoro. Attendi che il momento sia propizio (come nel caso dell'ispirazione) oppure osservi una prassi definita?
Lavorare per me è fatica fisica e spaesamento. La mia prassi è la volontà, una volontà che lotta consciamente con il caos per ritrovare una forma, una casa, una materia, una civiltà.

Tu affermi che la tua è una ricerca continua di forma. Cosa intendi per forma e in che modo pensi che questa ricerca possa riguardare il contesto e la società in cui viviamo? Non è immediata, infatti, la percezione che il tuo lavoro sia anche una reazione a quello che tu chiami il predeterminismo della società?
Nella mia ricerca di forma è la forma stessa che sfugge al caos. Se riesco a bloccare una forma, poco dopo mi sfugge di nuovo. La forma che sfugge (cambia) rappresenta sia la mia *incertezza* che l'incertezza collettiva sottostante a un certo predeterminismo dominante. Condivido l'affermazione di Trevor Smith, il quale dice che il "nuovo", nel senso di originale e recente, è dopotutto una delle merci più *sopravvalutate* nell'arte contemporanea.

Rossana Campo scrive: "Io non sopporto i professionisti dell'arte, se un artista non sa mantenersi un po' nell'incertezza, e in quello che i maestri buddisti chiamano 'lo spirito del principiante' per me perde qualunque interesse". Io credo, invece, che lo spirito del principiante sia la conquista dell'artista maturo. È il famoso detto "prendi l'arte e mettila da parte"... Forse bisognerebbe chiarire il significato della parola "imparare". Idries Shah, un famoso maestro sufi, ha scritto un libro che s'intitola (guarda caso) *Imparare a imparare*, nel quale afferma che i più diffusi metodi di trasmissione delle informazioni non corrispondono a un vero insegnamento.
Cosa ne pensi?
Si potrebbe dire: o l'incertezza c'è già come condizione mentale naturale (forse psicobiologica) o bisogna raggiungerla. Lo stesso

principio, quindi, in due situazioni diverse. Io sono la mia incertezza e l'assecondo. Imparare a imparare? Forse imparare a disimparare.

Sia nei tuoi disegni che nelle tue tele c'è una certa brutalità espressiva, gestuale e materica, però tu affermi che nel tuo lavoro la forma sfugge al caos. Questo significa che è in atto un percorso di raffinazione della forma?
La forma c'è sempre stata, bisogna solo ri-trovarla. Faticosamente s'intravede la *forma*, il miracolo della forma. Ad esempio, nel lavoro *L'anima pesante cade. Una questione di gravità?* che fa parte della serie "cadutanima" la forma mi ha sorpreso, ho avuto la sensazione fugace d'averla per un momento ritrovata.

Soggetti dei tuoi lavori sono spesso volatili (polli o struzzi all'apparenza) e forme ovali. C'è un motivo particolare per cui hai scelto queste figure? La forma ovale, ad esempio, ha una lunga tradizione nella storia dell'arte, pensa solo alle uova di struzzo su cui era scritto l'intero Corano oppure alle molte rappresentazioni dell'anima e della nascita...
Il pollo, forse, è un possibile passaggio dalla forma uomo-donna alla forma ovale dei lavori "cadutanima". M'interessa l'arte sacra, ma allo stesso tempo ho ben scolpita nella mente una performance di Piero Manzoni in cui l'artista dava da mangiare al pubblico uova bollite con impresse sopra le sue impronte digitali. Piero Manzoni desacralizza l'uovo-arte, convertendo l'arte sacra in arte commestibile. Forse la mia forma ovale è una commistione fra *arte-sacra* e *arte-commestibile?*

Cos'è lo stile in arte?
Ogni uomo è il suo limite nel mondo. La ricerca dello stile è, per me, tentare di comprendere e poi eventualmente superare il limite del proprio mondo.

Perché molti tuoi lavori hanno titoli desunti dalle tue poesie?
Semplicemente perché sono sempre io, sia quando scrivo che quando dipingo: tutto è in tutto sebbene in piani differenti e con linguaggi diversi.

Leggendo *Appunti di un terrestre* e guardando alcuni tuoi disegni, ho avvertito una tensione verso il sacro, una spiritualità ribelle che mi ha ricordato il *Libro di Giobbe*. Dov'è Dio mentre dipingi?
Giobbe crede sempre e solo a Dio. Io ogni giorno *cerco* Dio attraverso lo *scetticismo* (nel senso letterale del termine di *ricercare).* Attraverso l'arte *ricerco* (scetticamente) Dio senza sperare di trovarlo. Non sento di poter dire altro. Qualcuno ci ha insegnato che *su ciò di cui non si può parlare, si deve tacere.*

Che cosa apprezzi e che cosa non ami dell'arte contemporanea?
Apprezzo un certo tipo di libertà nell'arte e "l'inutilità" di molte opere d'arte. Apprezzo l'arte quando non sorprende, ma *rivela* (ci rivela). Apprezzo l'arte quando porta avanti una vera critica sociale. Apprezzo una certa ricerca *etica* dell'arte (dell'artista) e ciò che distingue un certo "popolo dell'arte" da un certo "esercito dell'arte". Mi piacerebbe che tutti gli artisti aspirassero alla *libertà* di Diogene e Pirrone.

Quali sono gli artisti italiani della tua generazione a cui ti senti più legato e perché?
In Italia ci sono alcuni artisti che purtroppo sono in-visibili solo perché non aderiscono alle mode del mercato (e sono dunque "invisibilizzati" dal sistema) e che invece dovrebbero ottenere maggiore attenzione, viceversa ci sono artisti "creati a tavolino" troppo "visibilizzati". In ogni caso, in certe gallerie (o spazi), si respira ancora bene. Diffido sempre delle mode, come delle provocazioni senza un *pensiero* alle spalle.

Recentemente hai iniziato a lavorare anche con la fotografia, dove peraltro riecheggia ancora quella tendenza verso il sacro. È una strada che intendi percorrere nel prossimo futuro?
Non sono stato io a cercare la fotografia, ma lei a cercare me. L'anno scorso, sviluppando un rullino, trovai una fotografia tutta nera, con in basso a destra una croce blu. La fotografia non l'avevo scattata io. Io l'ho solamente fatta stampare su alluminio (200 x 150 cm) e l'ho donata al progetto di Roberto Coda Zabetta in ricordo di suo fratello Stefano.

Quali sono i tuoi prossimi progetti, a che cosa stai lavorando?
Sto lavorando a diverse cose: in particolar modo sto ultimando dei quadri con giocattoli trovati per strada, che esporrò a maggio a Parigi, alla 3ª edizione del Salone Internazionale dell'Arte a cura di Morena Campani, mentre a ottobre-dicembre sono stato invitato a esporre alla Galleria Avant Scène di Nizza. La mostra, realizzata con la collaborazione dell'Università di Nizza e della Camera di Commercio Italiana di Nizza, sarà curata da Beatrice Bregoli Orts.

Alla fine, qual è l'oggetto ultimo della tua ricerca?
Ne possiamo riparlare fra una decina d'anni?

Question-réponse...
L'interrogatoire de Gianmaria Giannetti

par Ivan Quaroni

Tu t'es consacré à l'art au début des années 90, mais en t'occupant également d'autres choses. Raconte-moi donc quelle a été ta formation ?

Avant toute chose nous devrions nous mettre d'accord sur le sens à accorder au mot art. Mais pour nous mettre d'accord nous devrions le définir... Qu'est-ce que l'art ? Est-ce le public ? Ou bien le marché ? Et les artistes, qui sont-ils ? Nombreux sont les artistes à qui les ressources intérieures (pourrait-on dire) font défaut et qui ne sont souvent que des fonctionnaires de l'art. Les sponsors, les banques et les fondations s'intéressent à la plus-value de l'artiste, à son niveau de pénétration dans le marché de l'art plus qu'à l'art en soi.

La façon la plus simple pour trahir l'art est de le définir. Dès que l'on définit ce qu'est l'art, l'art est mort, alors s'il te plaît laissons-le indéfini.

Je me suis toujours consacré à l'art. Ma formation artistique n'a absolument pas été académique (heureusement d'ailleurs). Je n'ai pas *appris à apprendre* l'art dans les académies. L'art ne s'apprend pas, il devient. J'ai fait des études de philosophie à l'Università Statale de Milan et j'a beaucoup voyagé, voyant ainsi l'art en prise directe dans le monde entier, en suivant cette idée du *devenir* incessant, comme si je vivais et agissais dans une condition expérimentale continue.

Pourquoi (et comment) as-tu décidé à un moment donné de peindre ?

Parce que je ne pouvais faire différemment. J'ai commencé à peindre, c'est-à-dire à *ne pas peindre*. Ma première "œuvre" remonte vers mes 16 ans environ : j'ai récupéré, après une tempête, divers objets rouillés que la mer avait abandonné sur la jetée, je les ai cloués sur une planche en bois et je les ai brûlés. Je crois que trouver, ramasser, assembler et brûler sont les caractéristiques de la société contemporaine capitaliste. J'ai exploité les ressources naturelles de ma terre (à l'époque je vivais au bord de la mer), je cherchais dans les bois des arbustes ou d'autres choses et je faisais de grandes compressions de matière avec du silicone et du plexiglas. Au début, mon travail était archéologique, primitif et en solitude. Ces travaux, je les appelais 'mondes enfouis' ou 'tableaux à jeter'. Ce n'était pas des tableaux : c'était des *couches d'énergie*. J'avais beaucoup d'énergie, de colère au début. Aujourd'hui (après environ 15 années de recherche), j'ai une plus grande conscience de la peinture : je suis passé d'une énergie primaire, comme de dépaysement, à une forme plus proprement picturale.

Tu es également un poète et tu as publié tes écrits dans différents recueils. Peux-tu m'expliquer quel est, d'après toi, le lien entre ta production poétique et ta production picturale ? Quelles sont les différences et les affinités ?

Avant toute chose, je tiens à dire que je voudrais connaître tout (utopiquement), cinéma, théâtre, peinture, poésie, je n'ai pas peur de la connaissance. Mais ceci n'est pas possible, et je vis donc avec cette grande soif de connaissance. Je lutte toujours contre mon ignorance, mais la connaissance augmente toujours plus la prise de conscience de sa propre ignorance. Paradoxalement, l'homme sage est celui qui sait qu'il est ignorant, parce qu'il sait qu'il ne sait pas.

Je tends toujours vers ma vérité et vis sans cesse avec le doute et mes erreurs : je les utilise méthodologiquement pour travailler. Un artiste peut aujourd'hui opérer de différentes façons (poésie, peinture, photographie, vidéo) pour dire quelque chose. J'ai publié plusieurs écrits dans différentes anthologies. *Eschatologie (d'une plume)* est mon premier livre de poésie. C'est un livre déclamé, juvénile, provenant de l'enfer, d'un enfer personnel, il reflète les couches d'énergie et la colère de mes premiers travaux picturaux appelés *'mondes enfouis'*. Dans ma poésie, comme dans ma peinture, j'attends activement l'origine. Il y a toujours (je crois) la perte de la raison dans mon art (le *délire*) qui devient ensuite contenu artistique. Entre ma peinture et ma poésie, il y a (peut-être) différentes couches de l'être qui remontent à la surface et reflètent ma vérité personnelle et ma recherche incessante, spasmodique, spastique. Tout est dans tout ? 1 + 1 égale 2 ? Ma façon de faire de l'art aujourd'hui consiste aussi à garder chaque ticket à partir du 1er janvier 2006 pendant un an. Chaque jour a une prix, une valeur, une valeur économique, social, historique et individuelle.

Parle-moi de ces tickets. De quoi s'agit-il ?

En 2006, j'essaierai de réaliser le travail : *"365: pour une méthodologie antisociale (1er janvier 2006 - 31 décembre 2006)"*. En substance, je rassemble et colle sur des support simples et 'pauvres', tous les tickets de caisse que je reçois, afin de réaliser une installation. Chaque jour a un prix, une valeur, une forme ou un vide. Ce travail a une valeur méthodologique d'accumulation et d'"antisocialisation", car les gens accumulent les produits, mais n'accumulent pas les tickets de caisse. Le fait de rassembler ses tickets et leur transformation en 'œuvre d'art' peut-il représenter quelque chose ? Peut-être ce que nous sommes en partie devenus ? Sommes-nous seulement le pouvoir que nous avons de ramasser des tickets ? Suis-je le ticket d'une bouteille ?

Ta façon de considérer l'art reflète, à mon avis, une vision typiquement romantique, qui laisse beaucoup de place à l'expression pure de l'individualité (l'insistance sur l'expérience du délire et de la perte de la raison). Ne crois-tu pas que l'art doive aussi se mesurer à des problèmes liés à la culture et à la société contemporaine ?
C'est une provocation ? J'espère et j'imagine que oui. Si je suis romantique, tu es 'Ivan le terrible'! Définirais-tu comme romantique l'Art Brut ? Je suis sûr que non. Et l'expérience de Basquiat, de Dubuffet ou de Bacon ? Quand j'utilise le mot 'délire', je l'entends dans le sens deleuzien du terme : "il n'y a pas de délire qui ne passe à travers les peuples, les races, les tribus, et qui ne fréquente l'histoire universelle. Chaque délire est historique et mondial". L'art, selon moi, doit absolument se rapporter avec tout ce qui est contemporain. Il ne doit et ne peut pas être claustrophobe et autoréférentiel, précisément parce que notre société est claustrophobe et autoréférentielle. Le 'moi' ne peut plus exister dans l'art contemporain, mais il doit nécessairement se transformer en 'lui' et en 'nous'. Je crois que tout ceci est parfaitement assimilé par n'importe quel artiste qui a un minimum de conscience. Dans mon travail, il y a un projet, dans le sens où il y a une recherche constante. Mon projet est la recherche d'une forme et il s'agit là d'une recherche de tous les instants et intarissable. Chaque forme que je poursuis me mène à une autre encore. Ce qui est sûr, c'est qu'il n'y a pas de prédéterminisme dans ce que je fais. L'absence de prédéterminisme est, par ailleurs, une réponse à la prédétermination sociale à laquelle nous sommes constamment soumis dans notre société-marché et, en particulier, dans la micro-société-marché artistique. Il y a donc un projet et il y a une conscience, mais il s'agit là de concepts qui ne doivent pas et ne peuvent pas être associés seulement et simplement à la rationalité. Il y a une phrase que m'a écrite Roberto Coda Zabetta et que je partage profondément : "Ma vie est un projet, non rationnel. Ce serait si beau de voir un peuple risquer, précisément comme nous le faisons nous-mêmes".

Lors de notre rencontre au Café de la Triennale, nous avons parlé de la question du langage dans l'art. J'ai l'impression que tu privilégies l'urgence expressive par rapport à la recherche linguistique. La peinture est une grammaire en évolution constante : les plus grands artistes, de Picasso à Bacon, ont su renouveler la peinture également d'un point de vue formel. Quel est ta vision des choses à cet égard ?
Avant toute chose, je ne fais pas de distinction entre la tension expressive et le travail sur le langage. Ils se complètent mutuellement et sont la même chose. La tension expressive est inévitablement un travail sur le langage de la peinture. Chez Picasso, ce qui m'intéresse c'est sa dernière phase, celle où il essaie de désapprendre à peindre, à dessiner comme un enfant, instinctivement. Cette dernière phase a été marquée par une sorte de passage du 'relais' à Basquiat. Comme le disait Warhol : "Basquiat est le nouveau Picasso". Bacon commence à peindre après avoir vu une exposition de Picasso à Paris. Bacon dit : "Quand j'ai peint le pape qui crie, ce n'est pas ce que je m'étais fixé [...], je voulais peindre une bouche, avec la beauté de sa couleur et tout le reste, qui ressemble à un crépuscule de Monet; je ne voulais pas seulement faire un pape qui crie". Chez Bacon, les organes sont décontextualisés et recasés. La bouche devient l'anus, l'anus devient la bouche et ainsi de suite. Bacon a toujours tendu vers sa propre vérité et a ainsi déchiré plusieurs voiles de la réalité. Il n'a jamais parlé d'un *a priori* dans la peinture, de sa grammaire. Il peint (comme) dans le brouillard, il partage l'erreur, le mystère de la peinture. Qu'est-ce que la peinture ? Qui sait, répond Bacon. Comme pour Giacometti, la peinture de Bacon est seulement la représentation de sa propre réalité. Giacometti a été qualifié d''existentialiste', mais Giacometti, en parlant de lui-même, disait qu'il peignait toujours et uniquement la même tête et qu'il continuait à se tromper. Moi aussi je m'intéresse à l'erreur et à l'inattendu. Je trouve que l'erreur contient une grande richesse cognitive, une nouvelle poussée vers la recherche. Je cohabite avec l'erreur à travers le hasard (le chaos) et ma volonté.

Explique-moi comment naît une de tes œuvres. Attends-tu que le moment soit propice (comme dans le cas de l'inspiration) ou bien suis-tu une méthode définie ?
Pour moi, travailler est une fatigue physique et un 'dépaysement'. Ma méthode est la volonté, une volonté qui lutte consciemment contre le chaos afin de retrouver une forme, une maison, une matière, une civilisation.

Tu affirmes que ta recherche consiste en une recherche continue de la forme. Qu'entends-tu par le mot 'forme' et de quelle façon penses-tu que cette recherche concerne le contexte et la société où nous vivons ? La perception que ton travail est également une réaction à ce que tu appelles le 'prédéterminisme' de la société n'est-elle pas immédiate ?
Dans ma recherche de la forme, c'est la forme elle-même qui échappe au chaos. Si j'arrive à bloquer une forme, quelques instants après elle s'échappe de nouveau. La forme qui fuit (change) représente à la fois mon *incertitude* et l'incertitude collective sous-jacente à un certain prédéterminisme dominant. Je partage pleinement l'affirmation de Trevor Smith qui dit que le "nouveau", dans le sens d'original et de récent, et somme toute l'une des marchandises les plus *surévaluées* dans l'art contemporain.

Rossana Campo a écrit : "Je ne supporte pas les professionnels de l'art : si un artiste ne sait pas rester un peu dans l'incertitude et dans ce que les maître bouddhistes appellent 'l'esprit du débutant', pour moi il perd tout intérêt". Mois, je crois par contre que 'l'esprit du débutant' est la conquête de l'artiste en pleine maturité. C'est le célèbre dicton "prends l'art et mets-le de côté"...
Il faudrait peut-être clarifier le sens du mot 'apprendre'. Idries Shah, un célèbre maître sufi, a écrit un livre qui s'intitule (quelle coïncidence) *Apprendre à apprendre*, où il affirme que les méthodes de transmission des informations les plus répandues ne correspondent pas à un véritable enseignement. Qu'en penses-tu ?
On pourrait dire : soit l'incertitude est déjà présente comme condition mentale naturelle (peut-être d'ordre psycho-biologique), soit il faut l'atteindre. Le même principe donc mais dans deux situations différentes. Je suis mon incertitude et je la satisfait. Apprendre à apprendre ? Je préfère apprendre à désapprendre.

Dans tes dessins et tes toiles il y a une certaine violence expressive, gestuelle et matérielle, mais tu affirmes que dans ton travail la forme échappe au chaos. Ceci signifie-t-il qu'un parcours de raffinement de la forme est en cours ?
La forme a toujours été présente, il suffit seulement de la retrouver. Péniblement, on entrevoir la *forme*, le miracle de la forme. Par exemple, dans le travail "L'âme lourde tombe. Une question de gravité ?" qui fait partie de la série "chute d'âme ", la forme m'a surpris, j'ai eu la sensation fugace de l'avoir retrouvée le temps d'un instant.

Les sujets de tes travaux sont souvent des volatiles (en l'apparence des poulets ou des autruches) et des formes ovales. Y a-t-il une raison particulière pour laquelle tu as choisi ces représentations ? La forme ovale, par exemple, a une longue tradition dans l'histoire de l'art : il suffit pour cela de penser aux œufs d'autruche sur lesquels tous le Coran a été écrit ou bien aux nombreuses représentations de l'âme et de la naissance...
Le poulet est peut-être un passage possible de la forme homme-femme à la forme ovale des travaux *"chute d'âme"*. Je m'intéresse à l'art sacré, mais en même temps j'ai bien présent à l'esprit une performance de Piero Manzoni où l'artiste donnait à manger au public des œufs durs portant ses empreintes digitales. Piero Manzoni désacralise l'œuf-art, en convertissant l'art sacré en art comestible. Se peut-il que ma forme ovale soit un mélange entre l'*art-sacré* et l'*art-comestible* ?

Qu'est-ce que le style dans l'art ?
Chaque être humain est sa propre limite dans le monde. La recherche du style consiste, pour moi, à essayer de comprendre et ensuite, éventuellement, franchir la limite de mon propre monde.

Pourquoi nombre de tes travaux ont des titres empruntés à tes poésies ?
Tout simplement parce que c'est toujours moi, aussi bien quand j'écris que quand je peins: tout est dans tout, même s'il s'agit de plans différents et de langages différents.

En lisant *Notes d'un terrien* et en regardant certains de tes dessins, j'ai ressenti une orientation vers le sacré, une spiritualité rebelle qui m'a rappelé le *Livre de Job*. Où est Dieu quand tu peins ?
Job crut toujours et seulement en Dieu. Moi, je *cherche* chaque jour Dieu à travers le *scepticisme* (dans le sens littéral du mot *rechercher*). À travers l'art, je *recherche* (de façon sceptique) Dieu sans espérer le trouver. Je ne crois pas pouvoir ajouter quelque chose d'autre. Quelqu'un a enseigné que *sur ce dont on ne peut parler, il vaut mieux se taire*.

Qu'apprécies-tu et que n'aimes-tu pas dans l'art contemporain ?
J'apprécie un certain type de liberté dans l'art et "l'inutilité" de nombreuses œuvres d'art. J'apprécie l'art quand il ne surprend pas qu'il *révèle* (qu'il nous révèle). J'apprécie l'art lorsqu'il développe une véritable critique sociale. J'apprécie une certain recherche *éthique* de l'art (de l'artiste) et ce qui distingue un certain "peuple de l'art" d'une certaine "armée de l'art". J'aimerais que tous les artistes aspirent à la *liberté* de Diogène et de Pyrrhon.

Quels sont les artistes italiens de ta génération auxquels tu te sens plus lié et pour quelles raisons ?
En Italie, il y a quelques artistes qui sont malheureusement in-visibles seulement parce qu'ils n'adhèrent pas aux modes du marché (et ils sont de ce fait "invisibilisés" par le système) et qui devraient au contraire faire l'objet d'une plus grande attention; inversement, il y a des artistes "sciemment créés" bien trop "visibilisés". Heureusement, il y a encore quelques galeries (ou espaces) où il fait encore bon respirer. Je me méfie des modes, de même que des provocations qui ne s'appuient pas sur une *pensée*.

Récemment tu as commencé à travailler également avec la photographie où l'on note encore une fois ce penchant vers le sacré. Est-ce une voie que tu souhaites suivre dans un proche avenir ?
Ce n'est pas moi qui ai cherché la photographie, mais au contraire cette dernière à m'appeler. L'année dernière, en développant un négatif, j'ai trouvé une photographie toute noire, avec en bas à droite une croix bleue. Ce n'est pas moi qui avait pris cette photographie. Je l'ai seulement faite imprimer sur de l'aluminium (200 x 150 cm) et je l'ai données au projet de Roberto Coda Zabetta en souvenir de son frère Stefano.

Quels sont les prochains projets sur lesquels tu es en train de travailler ?
Je travaille sur plusieurs choses à la fois : en particulier, je suis en train de terminer des tableaux avec des jouets trouvés dans la rue, que j'exposerai au mois de mai à Paris, à l'occasion de la 3e édition du Salon International de l'Art organisé par Morena Campani, et pour la période allant d'octobre à décembre, j'ai été invité à exposer à la Galerie Avant Scène à Nice. Cette exposition, réalisée en collaboration avec l'Université de Nice et la Chambre de Commerce Italienne de Nice sera organisée par Beatrice Bregoli Orts.

À la fin, quel est l'objet ultime de ta recherche ?
On pourra en reparler dans une dizaine d'années ?

Questions and Answers
Interview with Gianmaria Giannetti

by Ivan Quaroni

You dedicated yourself to art in the early nineties, while working in other areas at the same time. Tell us a little about your training.
First and foremost, we have to understand what we mean by the word 'art'. And to do that we have to define it. What is art? The public? The market? And who are the artists? Of necessity, lots of artists have no interior, we could say, and are often functionaries of art. The sponsors, banks and foundations are interested in the artist in terms of capital gains, his position within the art market, rather than art in itself.
The simplest way to betray art is to define it. As soon as you define it, art is dead, so let's leave it undefined.
I've always been dedicated to art. My artistic training wasn't in any way academic, fortunately. I didn't *learn to learn* art in the academies. You don't learn art, you become it. I studied philosophy at the University of Milan and travelled a lot, seeing art in the flesh all over the world, always following the notion of *becoming*, as if I was living and acting in a continuously experimental condition.

Why and how did you decide to start painting?
Because there was nothing else I could do. I started painting, or in other words, *not painting*. I did my first work when I was 16 or so. After a storm at sea, I collected some of the rusty objects the sea had left on the shore, nailed them to a wooden table and burned them. I think finding, collecting, assembling and burning are the characteristics of contemporary capitalist society. I exploited the natural resources of the place where I lived – by the sea, at that time – searched for shrubs and other things in the woods and compressed the materials with silicon and plexiglass. Initially, my work was archaeological, primitive and solitary. I called these works 'submerged worlds' or 'pictures to throw away'. They weren't paintings, they were *layers of energy*. I had lots of energy and anger at the start. Now, 15 years on, I know more about painting. I've moved from a rather bewildered primary energy to a form that could more precisely be regarded as painting.

You're also a poet, and have published your writings in a number of anthologies. What do you regard as the link between your poetry and your painting? What are the differences and similarities?
Firstly, I should make it clear that I'd like to get to know every medium – cinema, theatre, painting, and poetry. I have no fear of knowledge. But it isn't possible, which means that I find myself living constantly with a craving for knowledge. I struggle constantly against my ignorance, but knowledge always leads to awareness of your ignorance. Paradoxically, a wise man is one who knows he's ignorant, because he knows he doesn't know.
I always tend towards my own truth, and live alongside doubts and errors all the time. I use them methodically to work with. Today, an artist has to use different media – poetry, painting, photography, video – to say something. I've published poems in various anthologies. *Escatologia (di una piuma)* – Eschatology (of a feather) – was my first book of poetry. It's a loud, youthful work, originating from a personal hell, reflecting the layers of energy and anger of my first paintings known as *'submerged worlds'*. In my poetry, like in my painting, I actively await the origins. I think there's always an element of taking leave of the senses in my art *(raving),* which becomes artistic content. Between my painting and my poetry there are maybe different layers of being that spring to light and reflect by personal truth and ceaseless, spasmodic, spastic research. Is there all in everything? Do 1 + 1 make 2? The way I produce art today also involves keeping every till receipt from 1st January 2006 for a year. Every day has a price, a value, an economic, social, historic and individual value.

Can you explain this thing about the till receipts? What does it involve exactly?
In 2006 I hope to do *365: per una metodologia antisociale (1 gennaio 2006 - 31 dicembre 2006)* – 365: For an Anti-social Methodology (1st January – 31st December 2006). What happens is that I collect all the till receipts I receive and attach them to simple supports made of ordinary materials, with a view to creating an installation. Each day has a price, a value, a form or a vacuum. The methodological value of this work is in the accumulation and anti-socialisation, because people accumulate products without accumulating their receipts. Can the collection of receipts and their incorporation in a work of art represent something? Maybe what to a certain extent we've become? Are we nothing more than the power we have to collect receipts? Am I the receipt for a bottle?

In my opinion, your way of considering art reflects a typically romantic vision, which leaves lots of space for the expression of pure individuality (insistence on the experience of delirium or taking leave of your senses). Don't you think art also has to deal with problems related to contemporary society?
Is this a provocation? I hope so, and imagine that it is. If I'm romantic you're Ivan the terrible! Would you define Art Brut as romantic? I'm sure you wouldn't. And the experiments by Basquiat, Dubuffet or Bacon? When I use the word 'delirium' I use it in the same way as Deleuze, when he says "there's no delirium that doesn't pass through peoples, races and tribes, and which doesn't frequent universal history. All delirium forms part of world history". In my opinion, art absolutely has to relate with everything that's contemporary. It shouldn't and can't be claustrophobic or self-referential, precisely because our society is claustrophobic or self-referential. The ego can no longer exist in contemporary art, it must of necessity transform itself into a 'he' or a 'we'. I think this is more than assimilated by any artist with a minimum of awareness. In my work there's planning, in the sense of constant research. My plan is the search for a form, continuously and in an exhaustive way. Each form I pursue leads me to another, and from there to another again. There certainly isn't any pre-determinism in what I do. The absence of pre-determinism is also a response to the social predetermination that we're constantly subjected to in the society-market, and more specifically in the micro-society-market of art. So there's a plan and there's an awareness, but these are concepts that shouldn't and can't be associated only and simply with rationality. Roberto Coda Zabetta wrote me a sentence with which I agree entirely: "My life is a project, not something rational. It would be good to see a people take risks, like we're doing."

When we met in the Caffè della Triennale, we talked about the question of language in art. I get the feeling that you place the accent on expressive urgency rather than linguistic exploration. Painting is a constantly evolving grammatical system. The greatest artists, from Picasso to Bacon, were able to renew painting from the formal viewpoint, among others. What do you think about this?
First of all, I don't distinguish between expression and work on language. They're mutually comprehensible, the same thing. Expressive tension is inevitably work on the language of painting. What interests me most about Picasso is the final phase, when he tried to unlearn and paint and draw like a child, by instinct. This final phase was undoubtedly a kind of passing on of the baton to Basquiat. As Warhol said, "Basquiat is the new Picasso". Bacon started painting after he saw an exhibition of Picasso's works in Paris, and he said, "when I painted the pope shouting, it wasn't what I had planned to do […] I wanted to paint a mounth, with the beauty of its colour and everything else, to make it like a sunset by Monet, I never intended just to do a pope shouting." In Bacon the organs are taken out of context and repositioned. The mouth becomes an anus, the anus a mouth and so on. Bacon has always directed himself towards his own truth, and in this way has torn a few veils away from reality. He's never spoken of an *a priori* or a grammar in painting. He paints as if he was in the fog, shares the error and the mystery of painting. What is painting? Who knows, replies Bacon. As with Giacometti, the painting of Bacon is simply the representation of his own reality. Giacometti has been labelled as an existentialist, but when he spoke of himself he said that he only and always paints the same head and continues to get it wrong. I'm also interested in errors and the unexpected. I find that there's great cognitive richness in errors, a new thrust to the research. I live with errors through chaos, and chaos is my will.

Tell me how your works originate. Do you wait until the time is right (as in inspiration), or follow a specific practice?
For me, working is physical fatigue and confusion. My practice is will, but will that consciously struggles with chaos to find a form, a home, a material, a civilisation.

You say you're engaged in a continuous research for form. What do you mean by form and in what way do you think this research might regard the context and the society we live in? Isn't the perception that your work is a reaction to what you call the pre-determinism of society something immediate?
In my search for form, it's form itself that escapes from chaos. If I manage to pin down a form, it escapes from me again shortly afterwards. The form that escapes or changes represents my *uncertainty* and the collective uncertainty underlying a certain dominant pre-determinism. I agree with Trevor Smith when he says that the "new", in the sense of original and recent, is in the end one of the things most *overestimated* in contemporary art.

Rossana Campo wrote, "I can't stand the professionals of art. If an artist is unable to retain a certain uncertainty and that thing that the Buddhist masters call 'the spirit of the beginner', I lose all interest". But I believe the spirit of the beginner is the conquest of the mature artist. It's the famous saying, "take art and put it to one side".
Maybe we have to clarify the meaning of the word 'learn'. Idries Shah, a famous sufi master, wrote a book entitled *Learn to Learn*, in which he says that the most common methods of passing on information aren't a real teaching. What do you think?
You could say that either uncertainty is already there as a natural mental – or maybe psychobiological – condition or we have to achieve it. So it's the same principle in two different situations. I'm my uncertainty and I back it up. Learn to learn? Maybe learn to unlearn.

In your drawings and canvases there's a certain brutality of expression, gesture and matter, but you say that in your work form escapes to chaos. Does this mean that you're in the process of refining form?

Form has always been there. What we have to do is simply recover it. It's only with difficulty that you catch sight of *form*, the miracle of form. For example, in *L'anima pesante cade. Una questione di gravità?* (The Heavy Soul Falls. A Question of Gravity?), which forms part of the "cadutanima" (Fall of the Soul) series, the form surprised me, I had the fleeting sensation that I had retrieved it for a moment.

There are often birds in your work (chickens or ostriches, apparently) and oval forms. Is there a specific reason why you chose these figures? The oval shape, for example, has a long tradition in the history of art. I'm thinking of the ostrich's egg on which the whole Koran was written, or the many images of the soul and birth.
Maybe the chicken is a movement from the man-woman form to the oval form of the "cadutanima" works. I'm interested in religious art, but at the same time I have a clear mental picture of a performance by Piero Manzoni in which the artist fed the public boiled eggs with his fingerprints stamped on them. Piero Manzoni desecrates egg-art and converts religious art into edible art. Could my oval shape be a mixture of religious and edible art?

What's style in art?
Every man is his limit in the world. The search for style for me is an attempt to understand, then maybe go beyond the limit of my world.

Why do so many of your works have titles taken from your poems?
Simply because it's still me, whether I write or paint. Everything's in everything else, even though at different levels and with different languages.

When I read *Appunti di un terrestre* (Notes of a Terrestrial) or look at some of your drawings, I note a tension towards the sacred, a rebellious spirituality that reminds me of the Book of Job. Where's God while you paint?
Job always and only believed in God. Every day, I *look for* God through scepticism (in the litter sense of the term "'look for". Through art *I look for God* (sceptically) without hoping to find him. I don't think there's anything else I can say. Somebody taught us that *if there's something you can't talk about, you should keep quiet about it.*

What do you like and dislike about contemporary art?
I appreciate a certain kind of freedom in art and the *uselessness* of many works of art. I appreciate art when it doesn't surprise but reveals (reveals ourselves). I appreciate art when it carries out real social criticism. I appreciate a certain kind of ethical research by art (by the artist), and what distinguishes a certain "people of art" from a certain "army of art". I'd like it if all artists aspired to the freedom of Diogenes and Pyrrhus.

Which Italian artists of your generation do you feel closest to, and why?
In Italy there are some artists who are invisible only because they don't follow the fashions of the market (as a result of which the system makes them invisible), but who deserve more attention. On the other hand, there are artists who've been created "artificially" and made too visible. In any case, in certain galleries or spaces things are still going well. I never trust in fashions, they're like provocations with no thought behind them.

You recently started doing photography, and here too we see that tendency towards the sacred. Is this something you intend to continue with in the near future?
I didn't seek out photography, it sought out me. Last year, when I was developing a film, I discovered a photograph that was completely black, with a blue cross in the bottom right. I didn't take that photograph, I simply had it printed on aluminium (200 x 150 cm) and donated it to the project by Roberto Coda Zabetta in memory of his brother Stefano.

What are your plans for the future, and what are you working on now?
I'm working on various things. I'm finishing off some paintings with toys I found in the street, which I'll be exhibiting in Paris in May, at the 3rd edition of the International Art Salon, organised by Morena Campani. In October-December I've been asked to exhibit at the Avant Scène Gallery in Nice. The exhibition is organised with the assistance of the University of Nice and the Italian Chamber of Commerce there, and will be laid out by Beatrice Bregoli Orts.

In the end, what's the final objective of your research?
Could we talk about that in ten years or so?

angolo sinistro in fondo, fotografia su alluminio, dimensioni variabili - 2005

angolo destro in fondo 2, fotografia su alluminio, dimensioni variabili - 2005

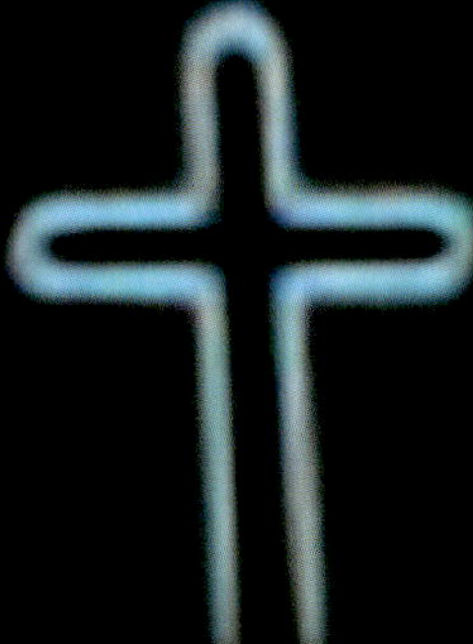

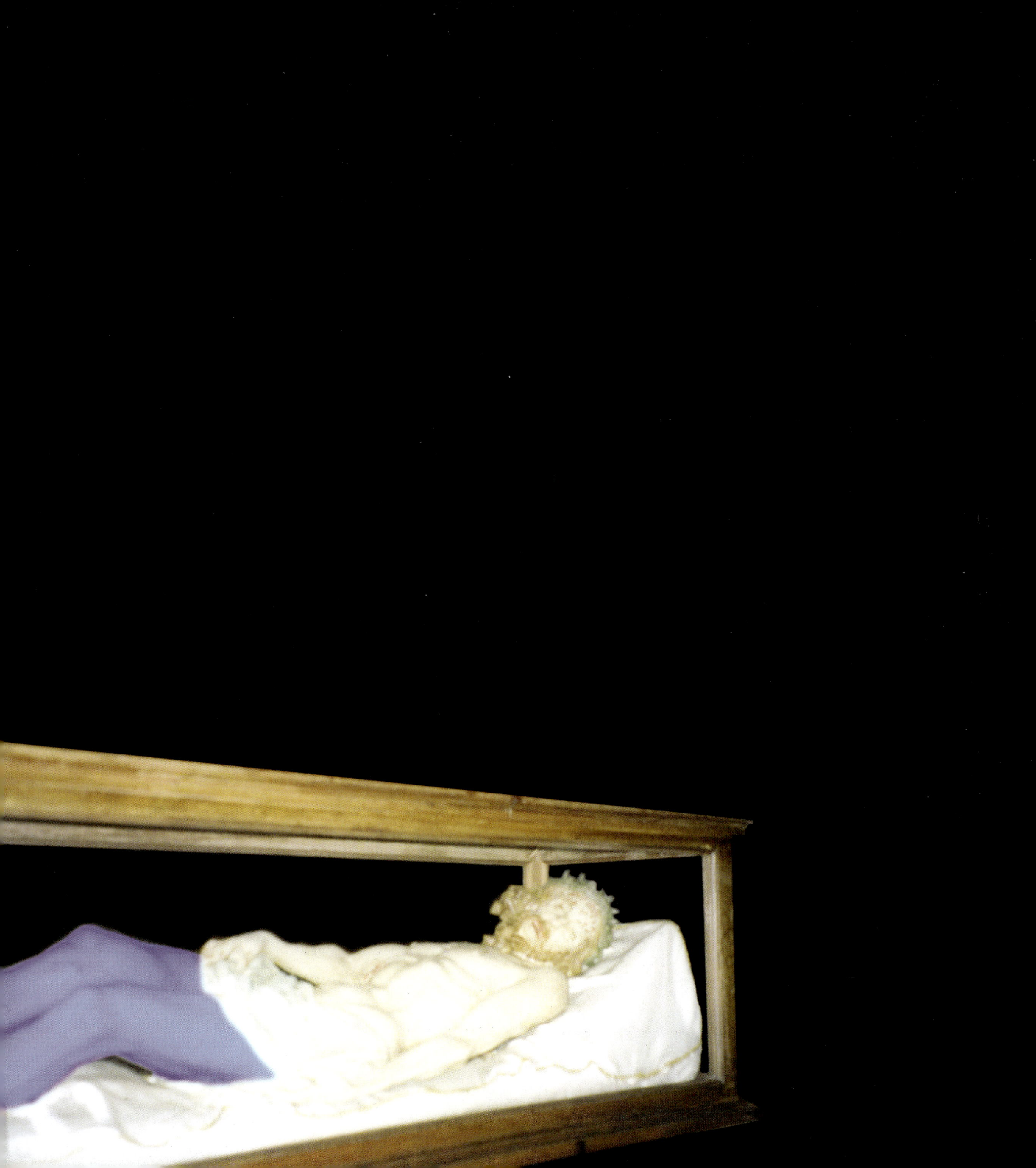

Perché spingi la luce agli organi?

I pesci là sotto, sotto milioni di mari sono santi che non hanno vita.

Perché la luce non tocca le cose sotto terra e gli ultrasuoni non hanno coltelli per tagliare il ghiaccio?

L'avete mai visto gocciolare sangue?

L'avete mai visto dio dire padrenostro che sei nei cieli?

Che sei non basta.

Essere come la pietra, sotto 200 kg di cielo, come l'assassino con i piedi bagnati,

ANCÓRA MA(T)TERÍA

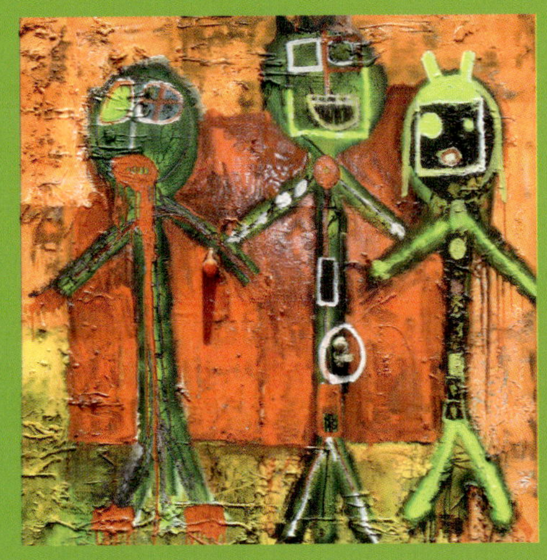

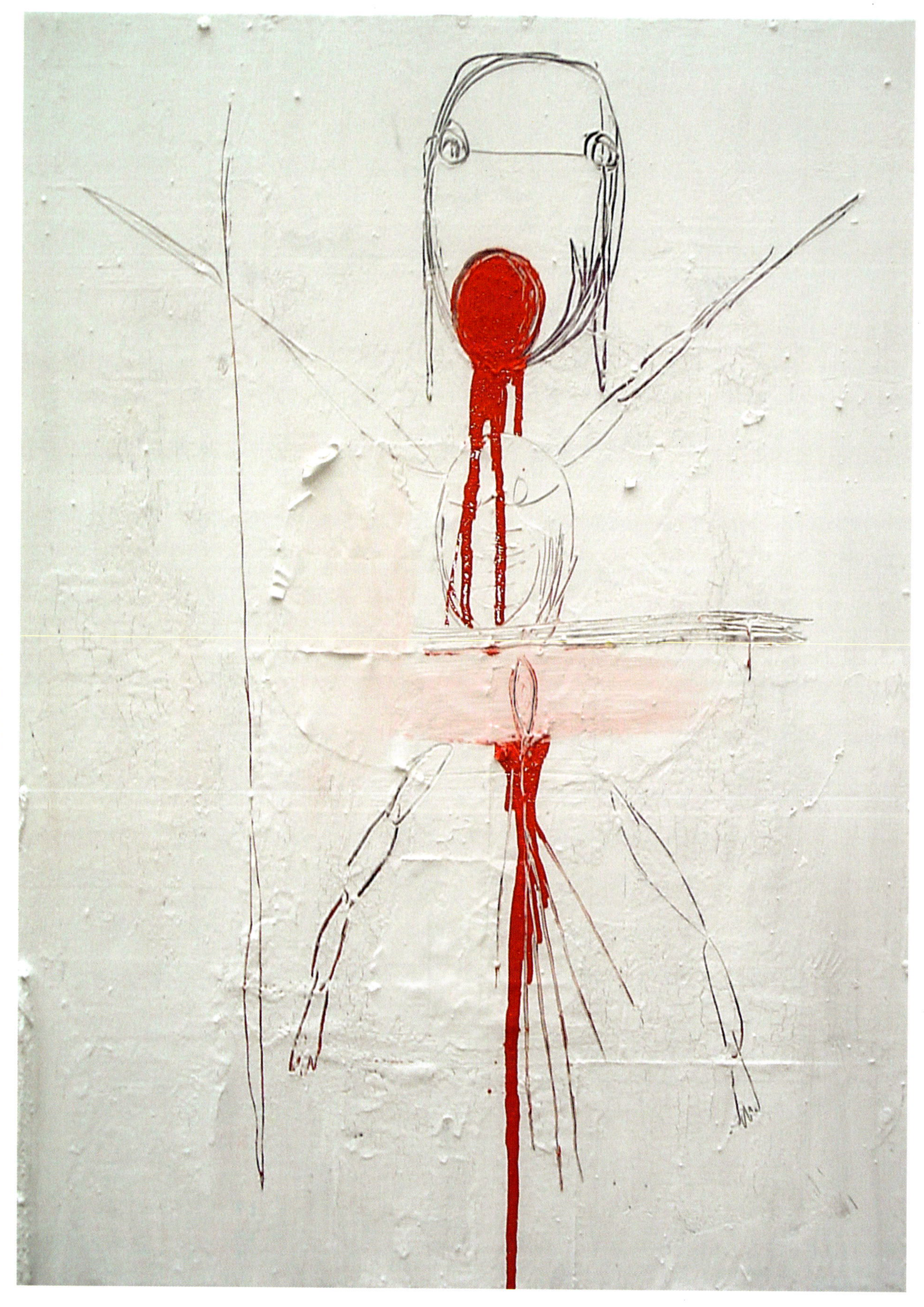

0 (vicino al punto infinito), smalti su tela, 70 × 100 cm - 2003/2004

Silenzio, mi hanno detto.

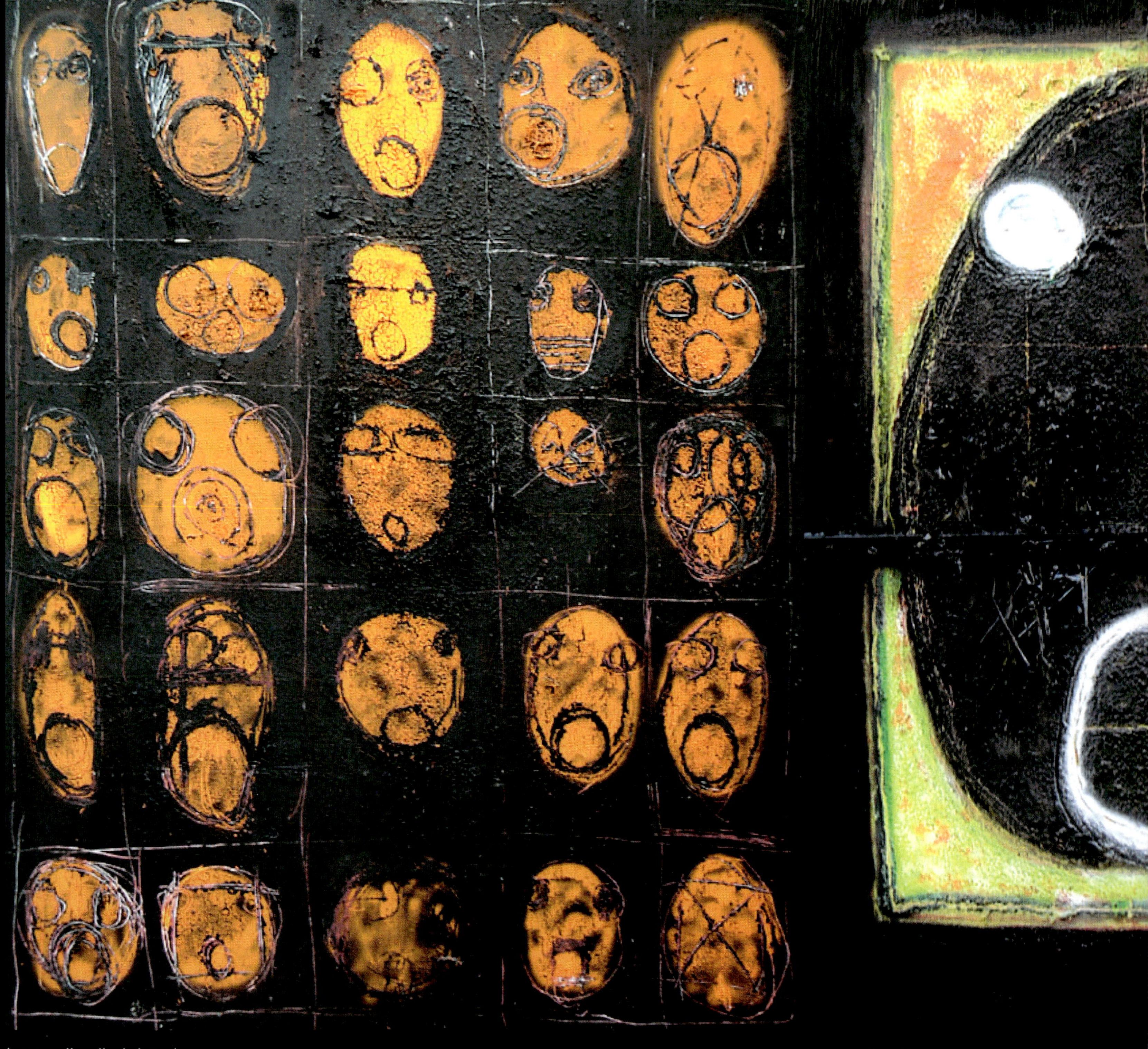

(pannello di sinistra)
diagonale 5 x 5,
smalti, sabbia, olio, su tela,
cm 150 × 200 +

(pannello di centro)
diagonale orizzontale,
smalti, sabbia, legno, olio su tela,
cm 150 × 200 +

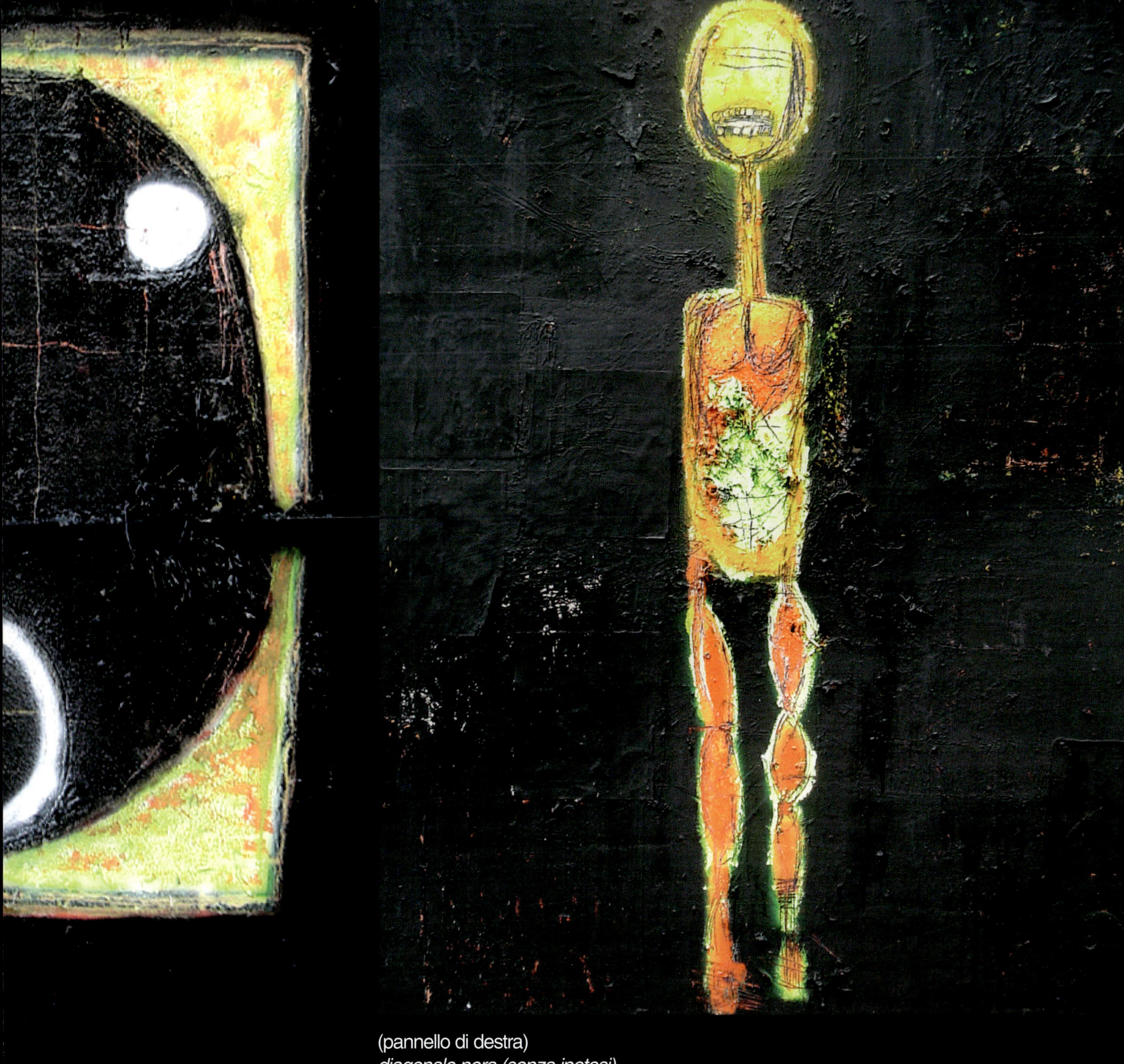

(pannello di destra)
diagonale nera (senza ipotesi),
smalti, sabbia, olio su tela,
cm 150 × 200 - 2003/2004

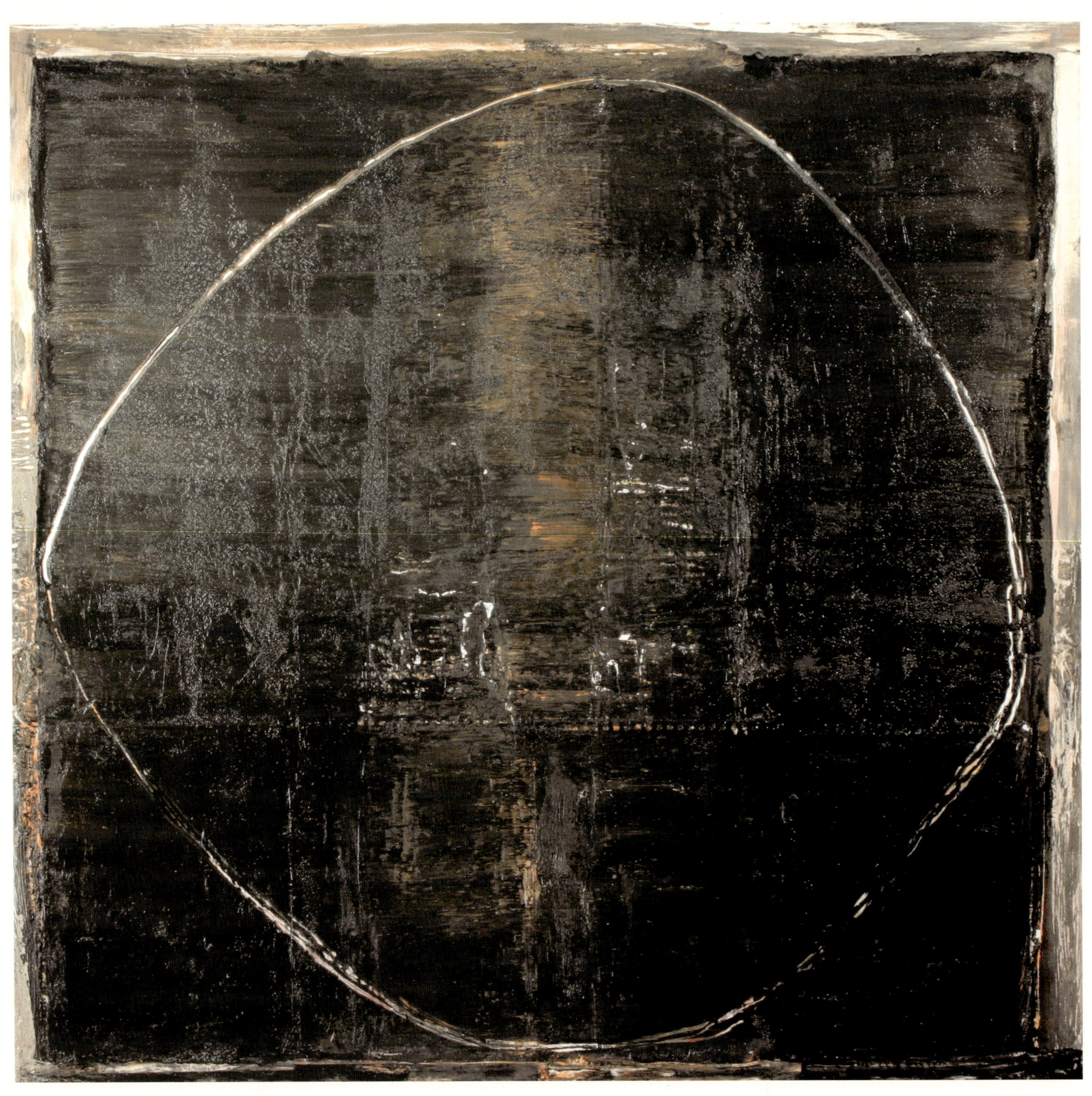

anche il cerchio, sabbia, carta, olio, smalti su tela,
130 × 130 cm - 2004/2005

dopo il cerchio il piede
primo passo
anima stesa
tagliala per strisce orizzontali
trova i buchi neri
usa se necessario cemento

Gianmaria Giannetti

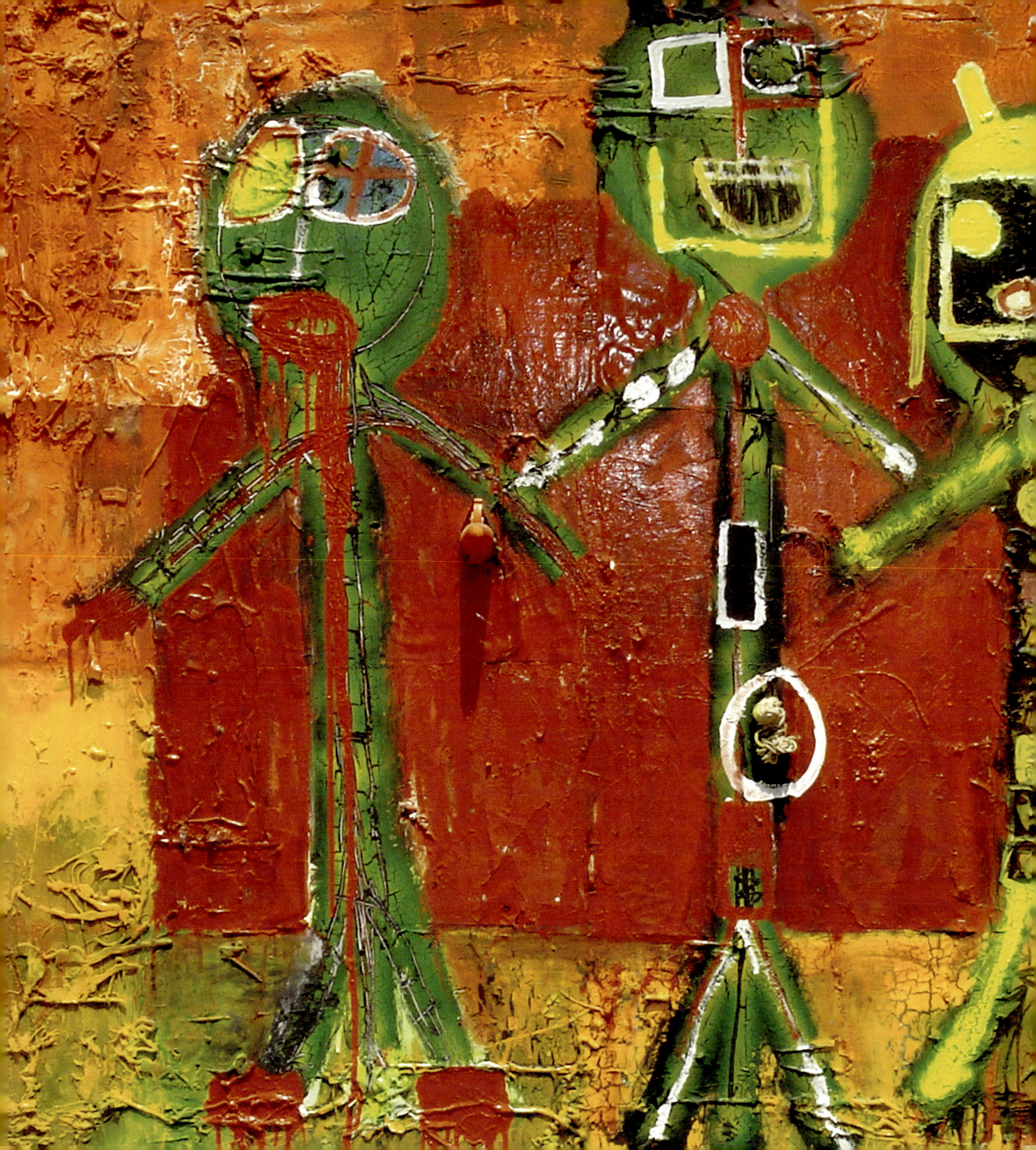

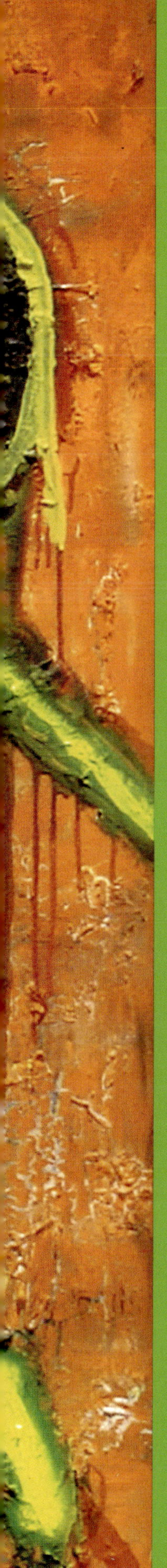

nelle pagine seguenti:
diagonale verde (senza ipotesi),
smalti, sabbia, olio su tela,
150 × 200 cm - 2003/2004

sagrada familia,
smalti, spago, plastica,
pastelli a olio su tela,
150 × 150 cm - 2003/2004

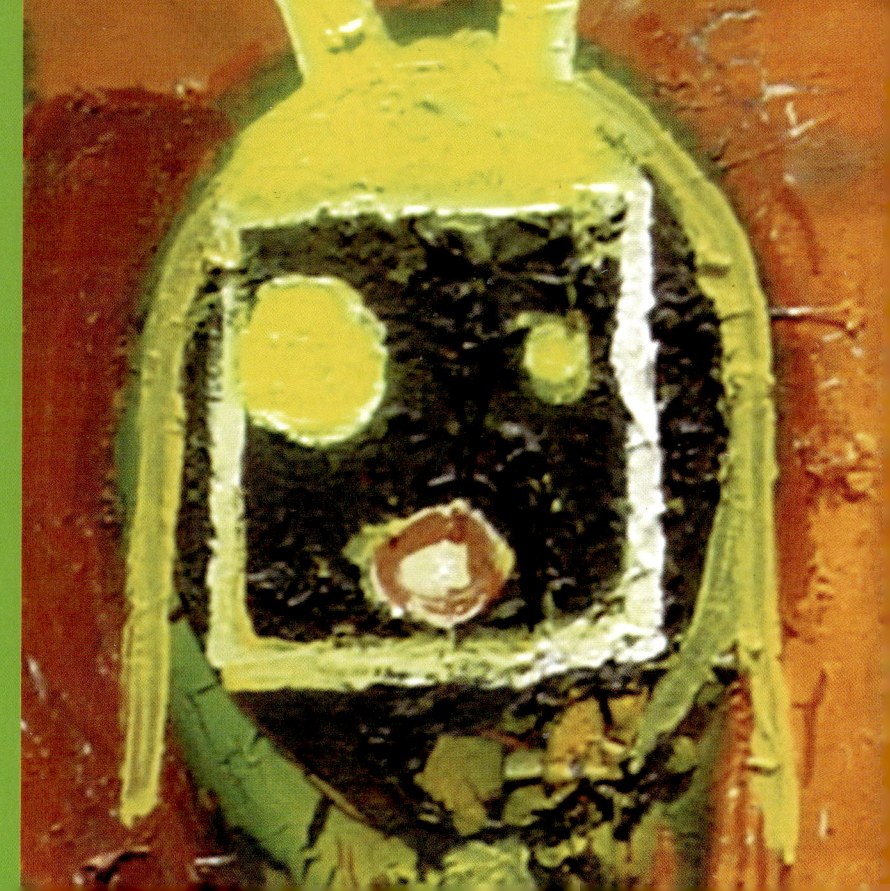

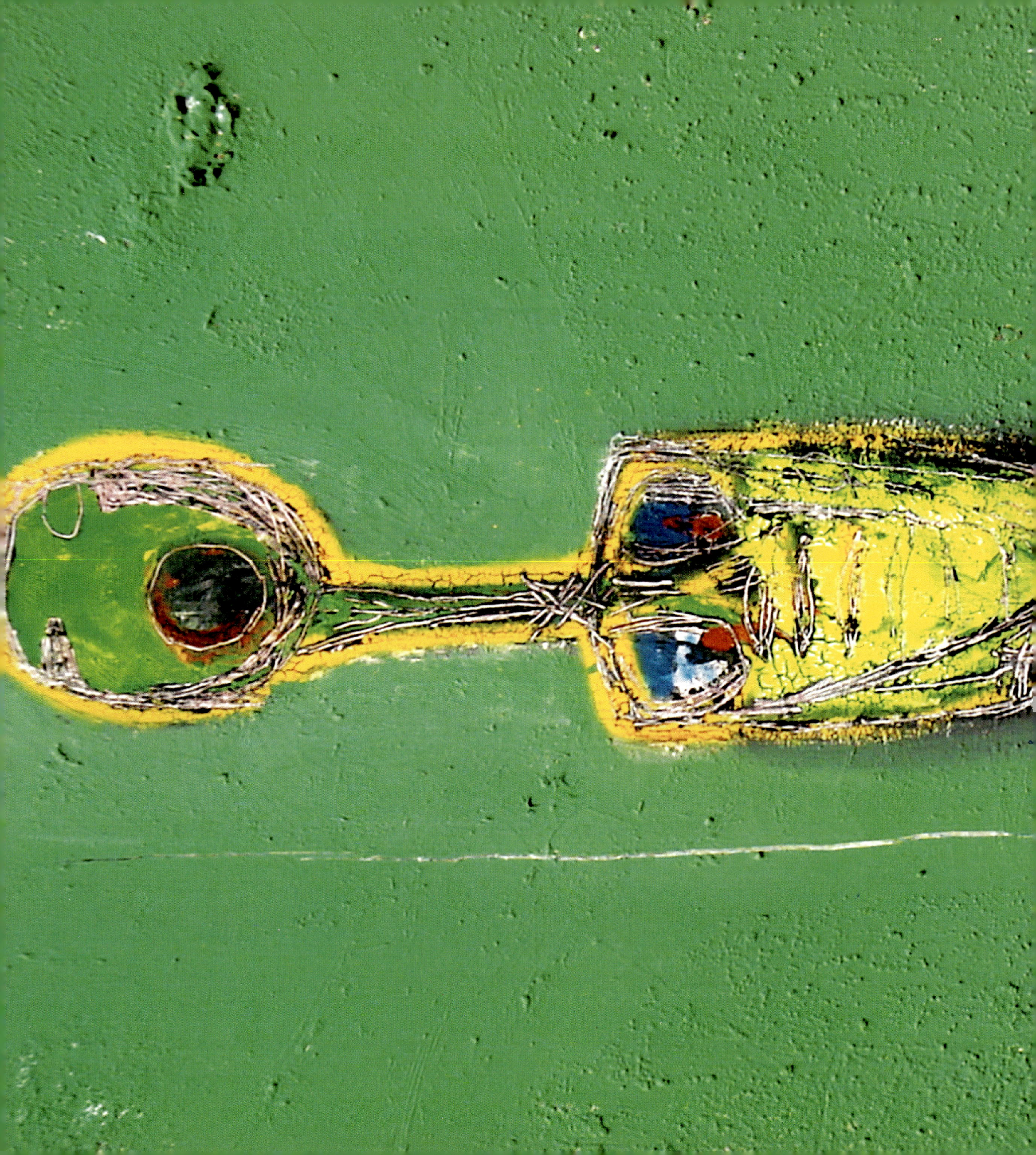

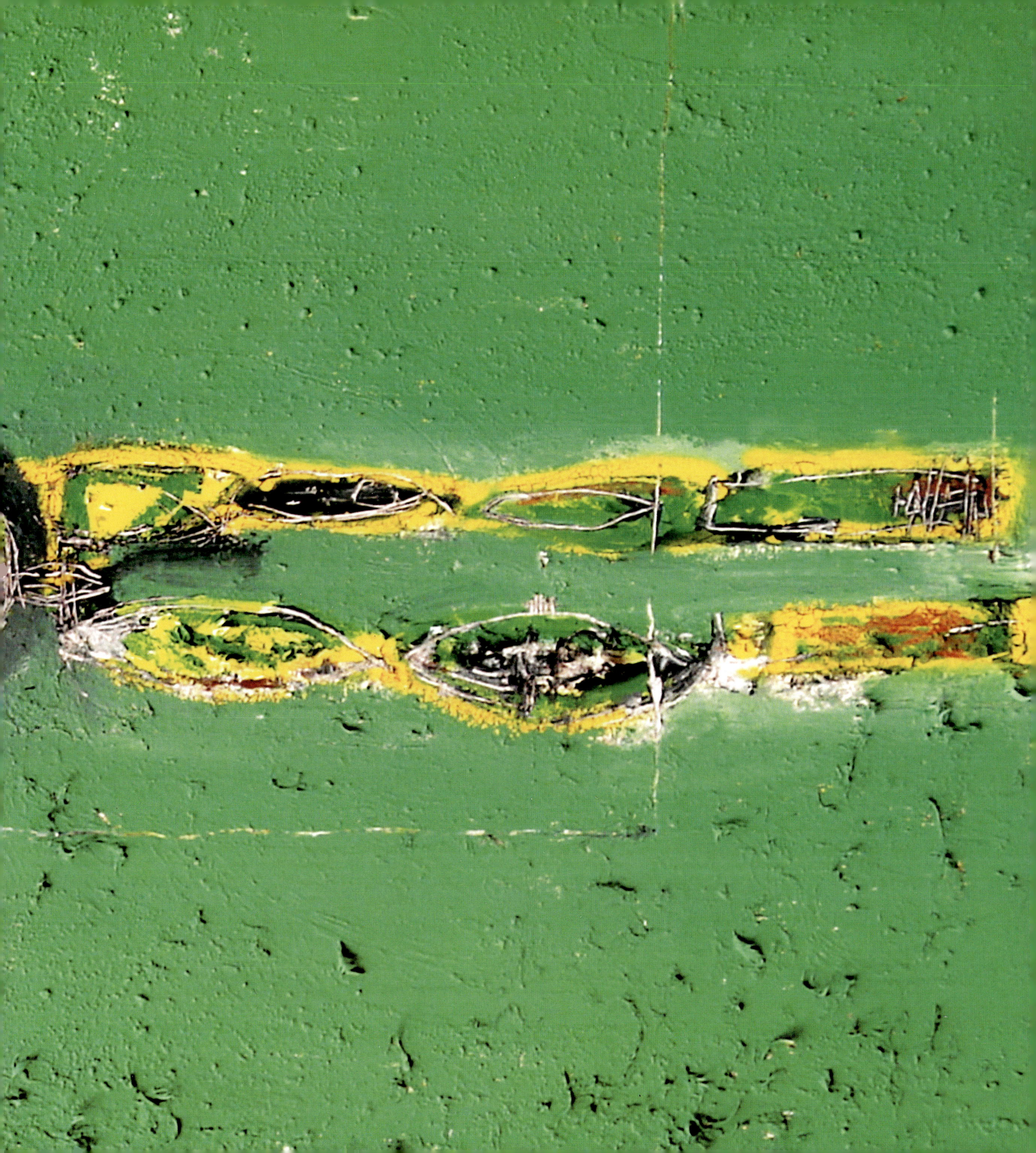

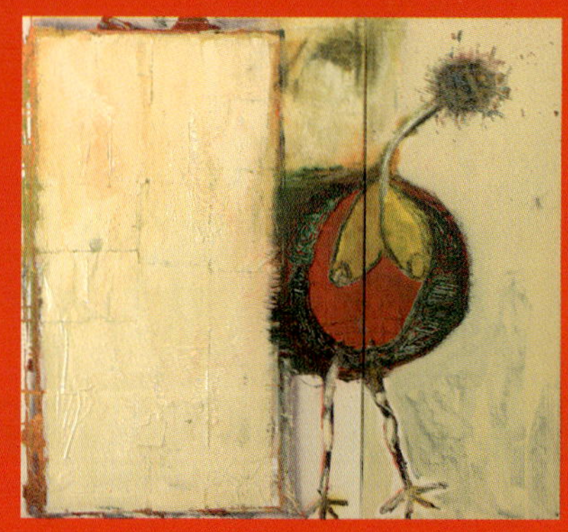
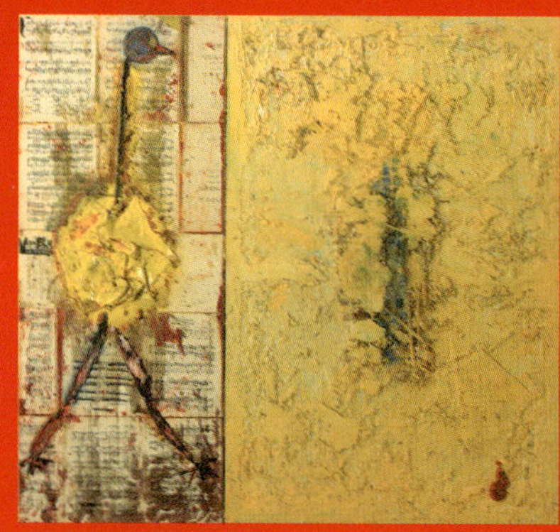
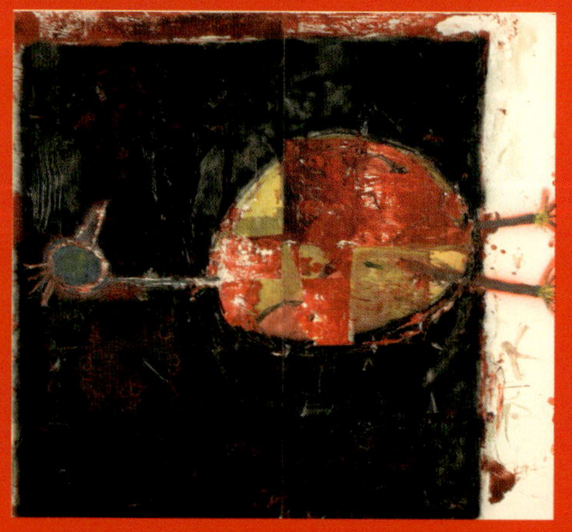
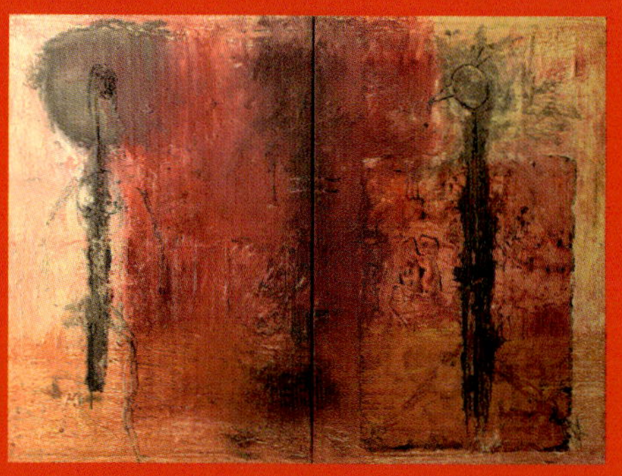

I POLLI DELLA MIA MACELLERIA

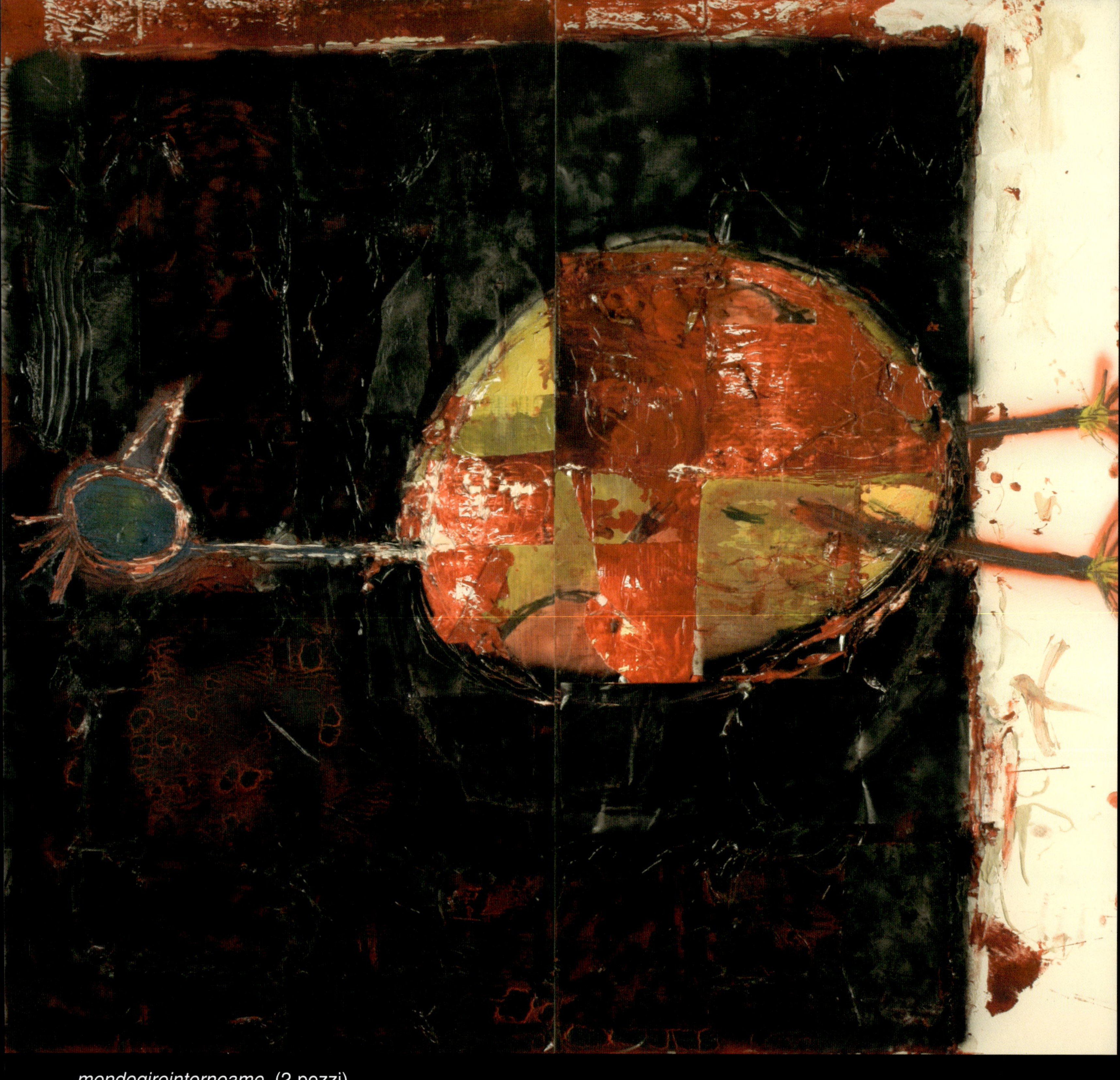

mondogirointornoame, (2 pezzi)
carta, colla, olio, smalti su tela, 140 x 150 cm - 2005

lo specchio si è rotto nel mio numero 1 (2 pezzi)
olio, smalto su tela, 300 x 150 cm - 2005

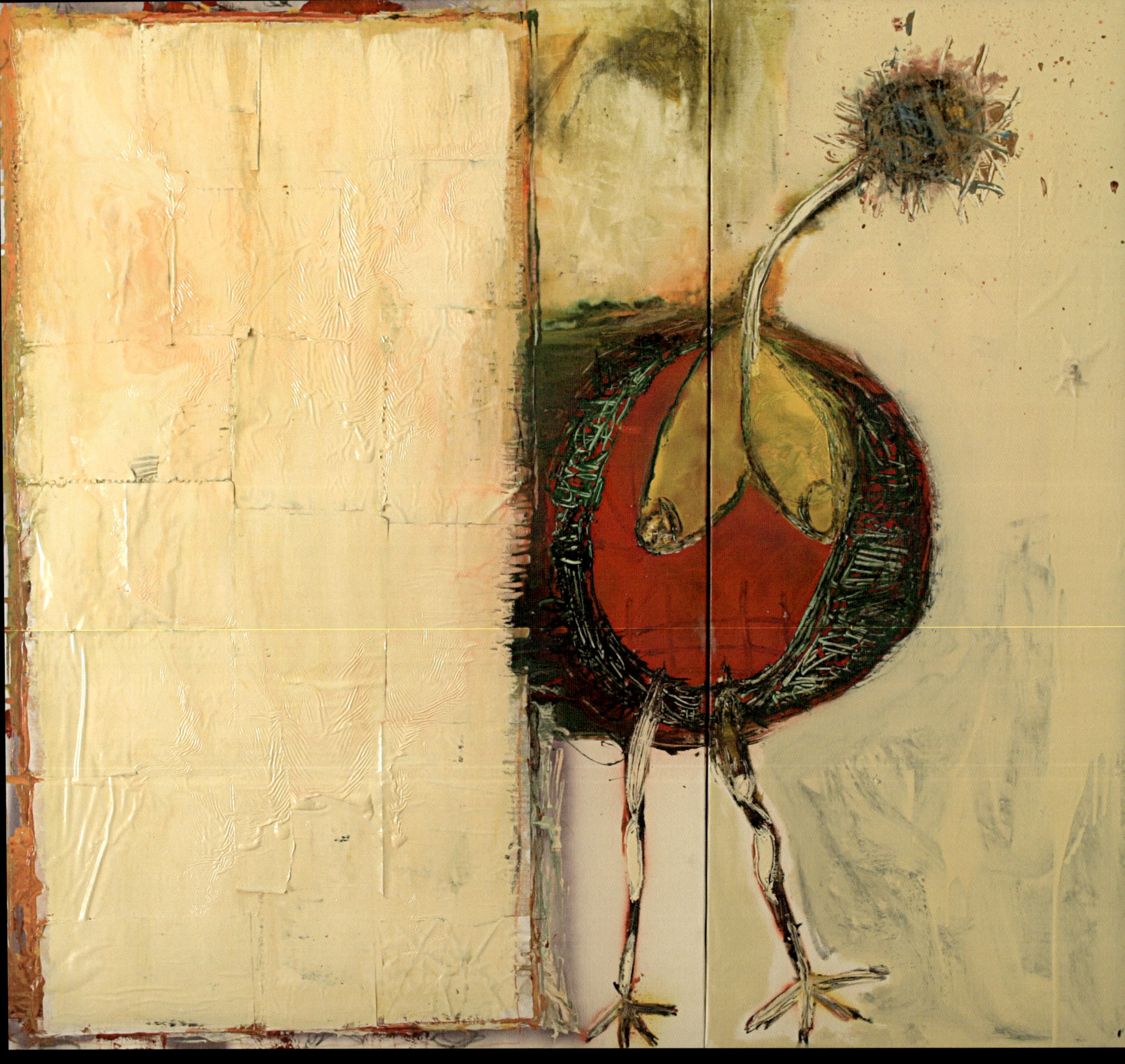

non ho disciplina (2 pezzi)

la scuola di Vera Blu (2 pezzi)
elementi botanici, silicone, plexiglas, carta, smalti, olio su tela, 210 x 150 cm - 2005

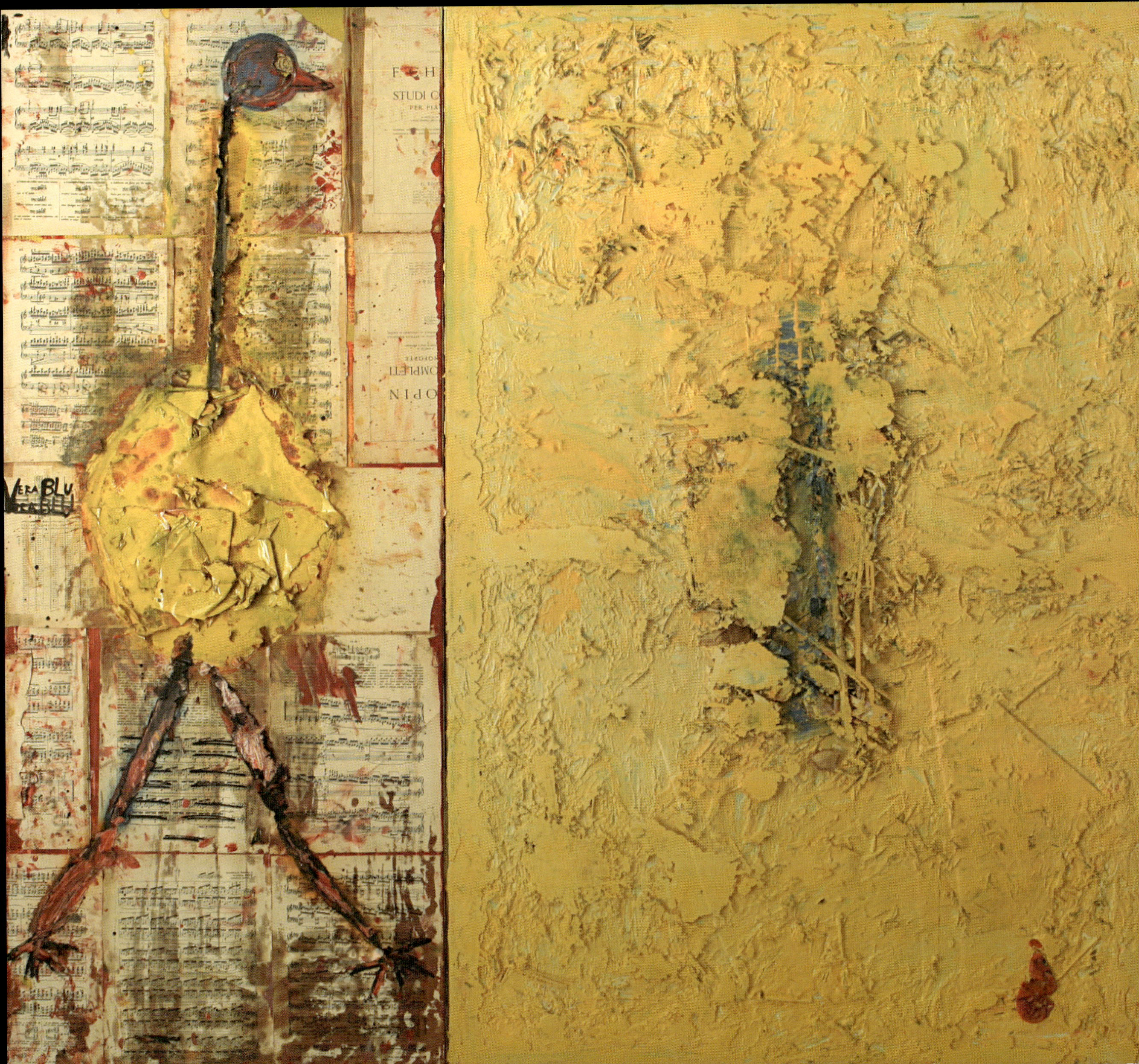

Gianmaria Giannetti: interrogativo sulla Creazione

Williams Abitbol

La pittura di Gianmaria Giannetti ci trasporta in un movimento di andirivieni permanente tra il visibile e l'invisibile allo scopo di interrogare i misteri legati alla Creazione. L'universo pittorico di questo artista consiste nell'associazione e contrapposizione dei contrari. Il suo lavoro mira a sovrapporre e a giocare con forme come il quadrato e il cerchio, forme queste che si mescolano con la rappresentazione di strani personaggi. Talvolta appaiono animali strani, esseri metà uomini e metà animali. Progressivamente, il lavoro dell'artista consiste quindi nell'interrogare il mistero della creazione: pone la domanda a ciascuno di noi sia sulla creazione che sulla nascita della vita. Nel suo lavoro compaiono nuove forme ovali assimilabili a quella dell'uovo che contiene il mistero della creazione. Da queste stesse forme emergono la vita e abbozzi di vita evidenziati da tratti, macchie e schizzi di pittura.
L'artista interroga allora il mondo da un punto di vista al contempo razionale e irrazionale. La composizione strutturata dei suoi quadri (rettangolo, quadrato, linee orizzontali e verticali...), le rotture e le separazioni operate sulla tela contrastano con l'irrazionalità, la poesia, l'umorismo e la deformazione dei suoi personaggi. Si capisce allora che ogni creazione è fonte di gioia, di leggerezza e di gaiezza. L'artista non si rinchiude in pesanti interrogativi legati alla creazione, ma al contrario lascia che lo spettatore scopra dei personaggi divertenti che gli ricordano quelli della sua infanzia, come una gallina deforme dal collo allungato o un extraterrestre ...
I colori vividi associati alla vita, al fuoco rinforzano il dinamismo e l'energia di queste tele. Una pittura viva, nel senso originale del termine, ma anche una pittura complessa e fuorviante.
Attraverso un'apparente semplicità, l'opera di Gianmaria Giannetti contiene tutta la complessità e la difficoltà di interrogare l'origine delle cose.
La creazione di Gianmaria Giannetti è rafforzata dall'uso di testi, di parole che integra nelle sue tele, in modo che tutte le modalità espressive vi si trovano mescolate. Non c'è più separazione tra pittura e poesia, non c'è più dissociazione tra uomo e animale. La pittura di Gianmaria Giannetti permette di collegare alto e basso, maschile e femminile, vita e morte.
Un'intervista a Gianmaria Giannetti ha permesso di evocare con pudore e umiltà il suo percorso artistico: un principio di dualità e di contrari per approdare a una forma d'arte unica. In effetti, l'artista ha sempre amato mescolare le discipline (pittura, poesia, scultura...) e i mezzi per esprimere "un sogno infinito". Le opere dell'artista fanno emergere una complessità derivante da lunghi anni di studi di filosofia dell'arte e dal suo interesse per l'archeologia. Gianmaria Giannetti ha sempre privilegiato un lavoro sulla materia come se l'osservatore dovesse compiere degli scavi archeologici. Il simbolismo del cerchio completato da quello del quadrato è stato ampiamente utilizzato e ciascuno è libero di fare dei collegamenti con Alberto Giacometti e Leonardo da Vinci. Nelle sue tele predominano il rosso e il nero, che ci portano incessantemente tra la vita e la morte, tra l'interno e l'esterno. L'artista insiste su questa nozione di interiorità tipica di un percorso spirituale. Rapidamente l'artista parla dell'idea del vuoto e dell'abisso (propria di Jean-Paul Sartre) per interrogarci sulla finalità delle opere d'arte. I quadri sembrano confusi, tra l'astratto e il figurativo, tra il visibile e l'indicibile per condurci verso un concetto: quello dell'opera infinita. Lo sguardo scivola su forme inafferrabili, su un disordine curiosamente rigoroso e alla fine ci stupiamo di non imboccare alcuna direzione. Il messaggio di questo artista è esattamente quello di condurci verso un sentimento di infinito, di osare parlare di eternità e di continuare a nostra volta la riflessione.

Giamaria Giannetti : un questionnement sur la Création

Williams Abitbol

La peinture de Gianmaria Giannetti nous entraîne dans un mouvement, celui d'un va et vient permanent entre le visible et l'invisible afin d'interroger les mystères liés à la Création. L'univers pictural de cet artiste consiste à associer et à opposer les contraires. Son travail vise à juxtaposer et à jouer avec des formes comme le carré et le cercle. Ces formes se mêlent à la représentation d'étranges personnages. Parfois des animaux étranges apparaissent, des êtres moitié homme - moitié animal. Progressivement le travail de l'artiste consiste alors à interroger le mystère de la création ; il questionne chacun de nous à la fois sur la création et la naissance de la vie. De nouvelles formes apparaissent dans son travail, des formes ovales associées à celle de l'œuf qui contient le mystère de la création. De ces formes émergent la vie, des éclaboussures de vie renforcées par des traits, des taches et des jets de peintures.

L'artiste interroge alors le monde sous un aspect rationnel et irrationnel. La composition structurée de ses tableaux (rectangle, carré, lignes horizontales et verticales…), les ruptures et les séparations opérées sur la toile contrastent avec l'irrationalité, la poésie, l'humour et la déformation de ses personnages. On comprend alors que toute création est source de joie, de légèreté et de gaîté. L'artiste ne s'enferme pas dans des questionnements lourds liés à la création, mais au contraire laisse le spectateur découvrir des personnages amusants lui rappelant ceux de son enfance comme une poule difforme au long cou ou un extra-terrestre …

Les couleurs vives associées à la vie, au feu renforcent le dynamisme et l'énergie de ces toiles. Une peinture vivante au sens originel du terme, mais une peinture aussi complexe et déroutante.

Au travers d'une apparente simplicité, l'uvre de Gianmaria Giannetti contient toute la complexité et la difficulté à interroger l'origine des choses.

La création de Gianmaria Giannetti est renforcée par l'utilisation de textes, de mots qu'il intègre dans ses toiles, de sorte que toutes les modalités de création sont mêlées. Il n'y a plus de séparation entre peinture et poésie, plus de dissociation entre l'homme et l'animal. La peinture de Gianmaria Giannetti permet de relier le haut et le bas, le masculin et le féminin, la vie et la mort.

Un entretien accordé à Gianmaria Giannetti a permis d'évoquer avec pudeur et humilité sa démarche artistique : un principe de dualité et de contraire pour aboutir à une forme d'art unique. En effet, l'artiste a toujours aimé mixer les disciplines (peinture, poésie, sculpture…) et les médiums pour exprimer " un rêve sans fin ". Les œuvres de l'artiste font apparaître une complexité issue de longues années d'études en philosophie de l'art et de son intérêt pour l'archéologie. Gianmaria Giannetti a toujours privilégié un travail sur la matière comme si le regardeur se devait de faire des fouilles archéologiques. Le symbolisme du cercle complété par celui du carré est abondamment utilisé et chacun est libre de faire des liens avec Alberto Giacometti et Léonard de Vinci. Le rouge et le noir prédominent dans ses peintures nous entraînant sans cesse entre la vie et la mort, entre l'intérieur et l'extérieur. L'artiste insiste sur cette notion d'intériorité propre à une démarche spirituelle. Rapidement l'artiste parle de la notion de vide et d'abysse (propre à Jean Paul Sartre) pour nous interroger sur la finalité des œuvres d'art. Les peintures semblent confuses, entre abstraction et figuration, entre le visible et l'indicible afin de nous mener vers un concept : celui de l'œuvre infinie. Le regard se glisse sur des formes insaisissables, sur un désordre curieusement rigoureux et finalement nous sommes surpris à ne prendre aucune direction. Le message de cet artiste est justement de nous mener vers un sentiment d'infini, d'oser parler d'éternité et de poursuivre à notre tour notre réflexion.

Gianmaria Giannetti: A Few Questions on Creation

Williams Abitbol

The painting of Gianmaria Giannetti leads us into a movement, a permanent coming and going between the visible and invisible, with a view to considering the mysteries linked to creation. The pictorial universe of this artist involves an association and opposition of contraries. His work juxtaposes and plays with forms such as squares and circles, which mingle with images of strange figures. At times, strange animals appear, along with beings that are half man and half animal. The artist's work involves a progressive questioning of the mystery of creation, and he also questions each of us on the creation and birth of life. New forms appear, such as ovals, associated with the egg containing the mystery of creation. From these forms, life emerges, blemishes of life reinforced by strokes, stains and jets of paint.
The artist questions the world on rational and irrational aspects. The structured composition of his paintings (rectangle, square, horizontal and vertical lines, and so on), the breaks and separations on the canvas, contrast with the irrationality, poetry, humour and deformation of the figures. In this way, we're able to understand that all creation is a source of joy, light-heartedness and good cheer. The artist doesn't retreat into difficult questions on creation, but, on the contrary, allows the onlooker to discover his amusing figures, which are reminiscent of childhood, such as a crooked, long-necked hen or an extraterrestrial creature.
The bright colours associated with life and fire reinforce the dynamism and energy of these canvases. This is vibrant painting in the original meaning of the term, but also complex and puzzling.
Through an apparent simplicity, the works of Gianmaria Giannetti contain all the complexity and difficulty linked with questioning the origin of things.
The creativity of Gianmaria Giannetti is reinforced by the use of texts, words incorporated in the canvases, in such a way that all modes of creation are mixed up together. There's no longer any separation between painting and poetry, dissociation between man and animals. The painting of Gianmaria Giannetti enables us to link the upper and the lower, masculine and feminine, life and death.
An interview to Gianmaria Giannetti allowed to find out more about his artistic approach – a principle of duality and contrariety leading to a unique art form. The artist has always loved mixing up disciplines (painting, poetry, sculpture, and so on) and media to express an 'endless dream'. From the works of the artist, there emerges a complexity developed over the long years of study of the philosophy of art and his interest in archaeology. Gianmaria Giannetti has always placed the accent on the material, forcing the onlooker to carry out archaeological excavations. The symbolism of the circle completed by that of the square is abundantly used, and we can freely note links with Alberto Giacometti and Leonardo da Vinci. Red and black dominate in the paintings, leading us ceaselessly between life and death, the interior and the outside. The artist insists on the notion of the interior inherent a spiritual approach. He speaks of his notion of the void and the abyss (as Jean-Paul Sartre did), and asks us questions on the purpose of works of art. the paintings appear to be confused between abstraction and figuration, the visible and the unspeakable, with a view to leading us towards the concept of the infinite work. Our gaze flows over elusive forms, a curiously rigorous disorder, and in the end surprises us by not taking any direction at all. The message of this artist takes us towards a sensation of the infinite, dares to speak of eternity and pursues our own reflections.

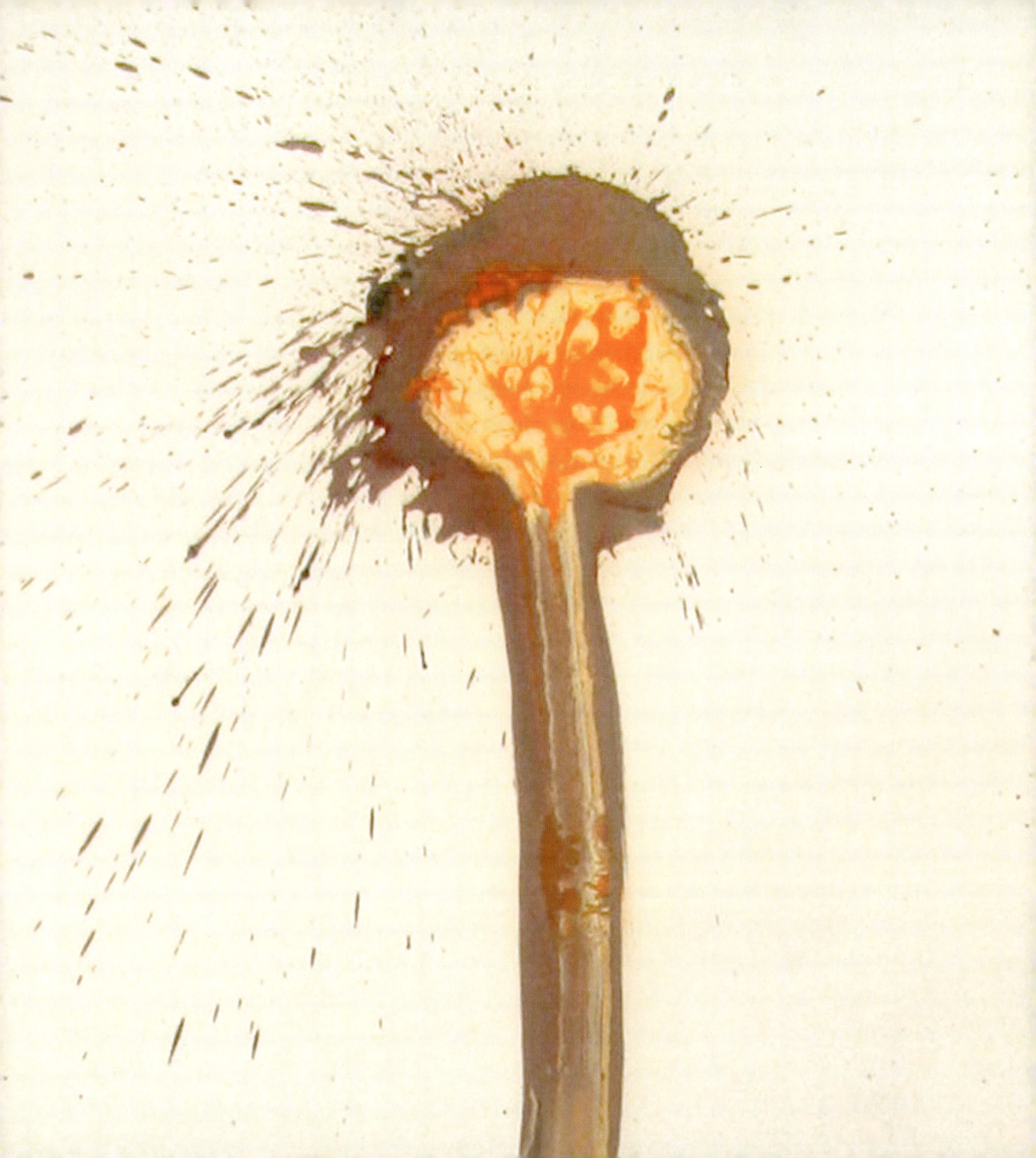

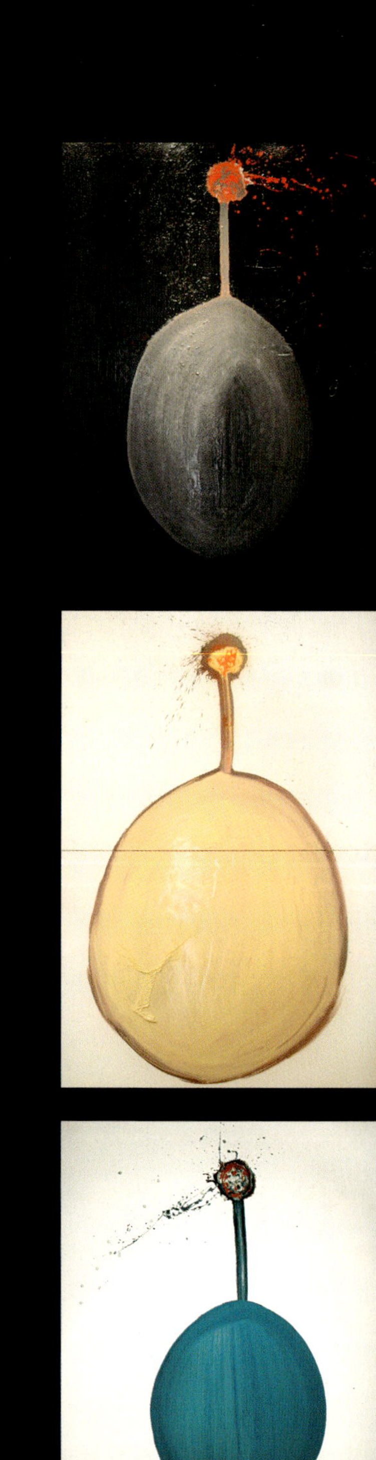

CADUTANIMA

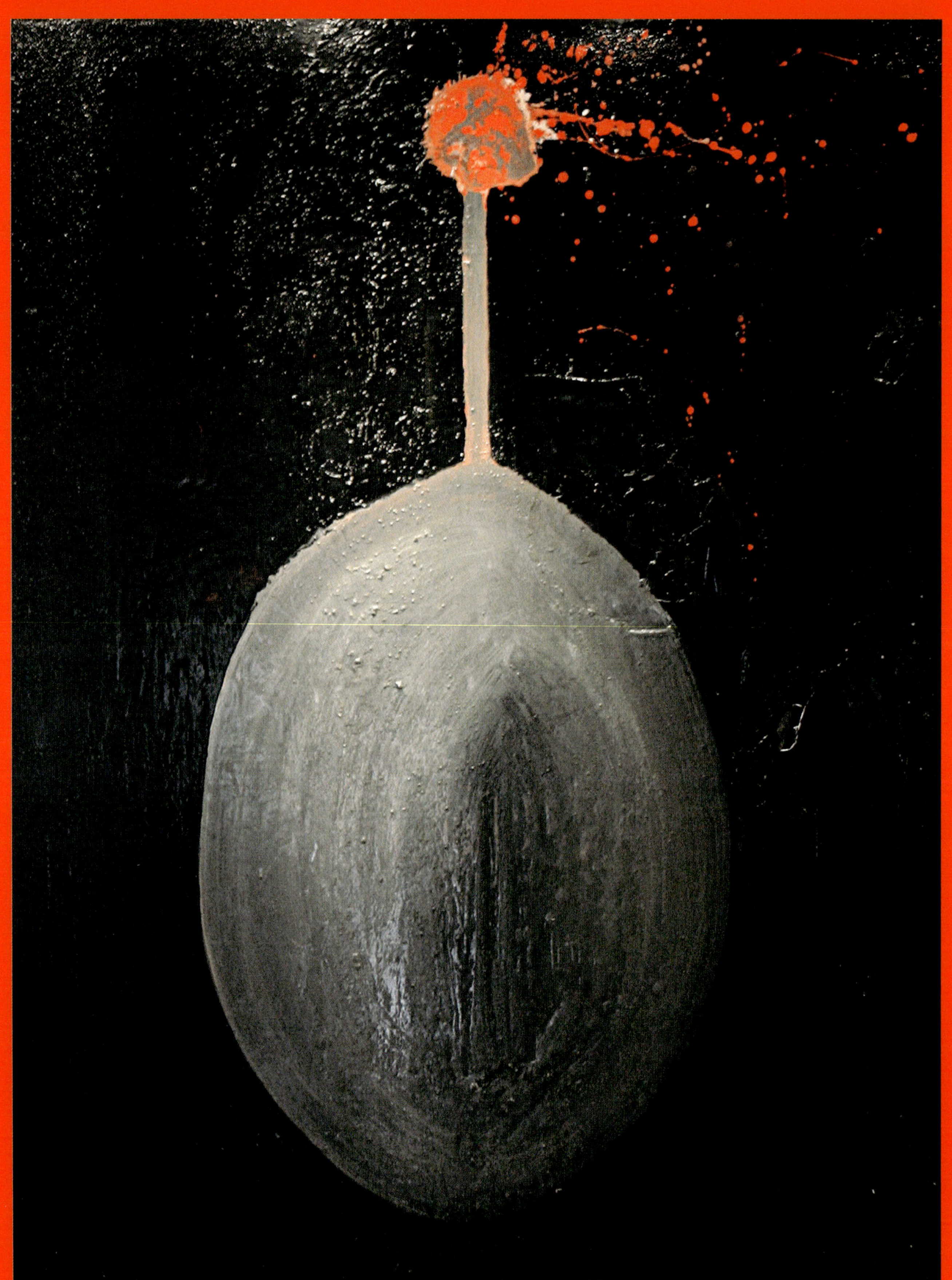

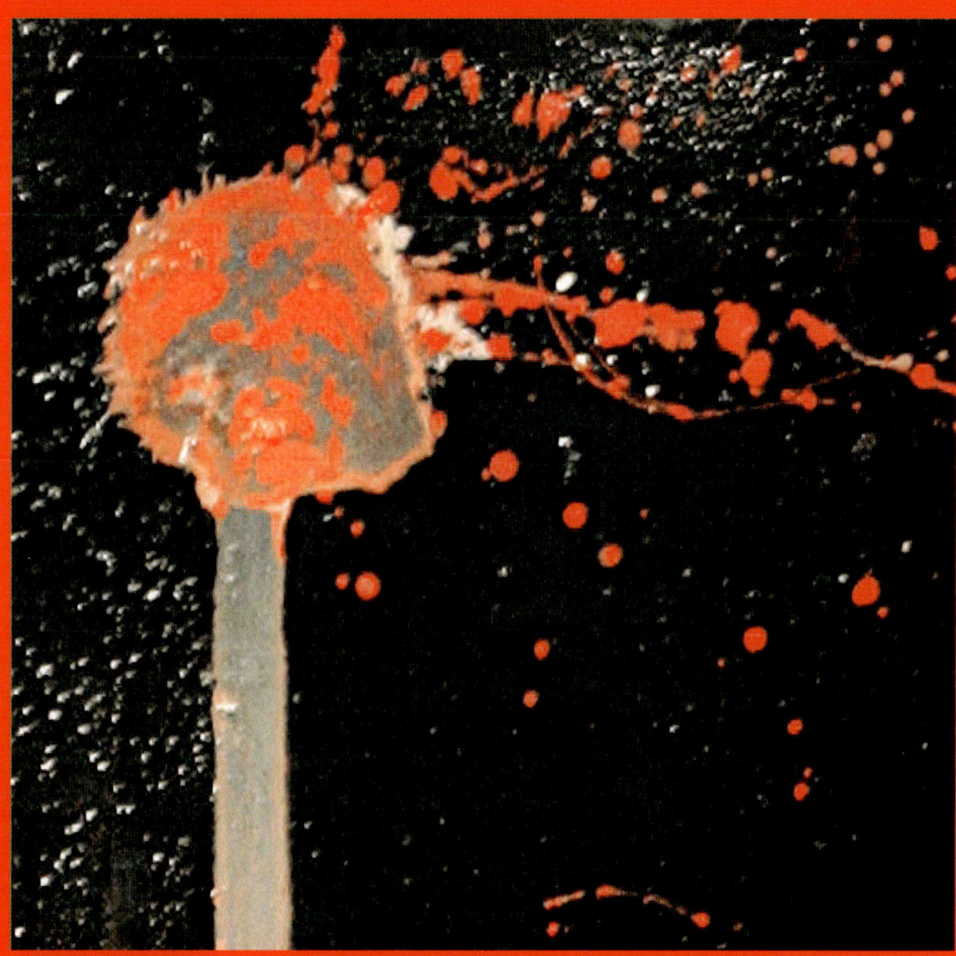

l'anima pesante cade. una questione di gravità?
carta, colla, smalti, olio su tela, 150 x 200 cm - 2004/2005

la mia pelle si gonfia
il corpo non ha più organi

guarda
diventa la terra che gira

adesso ho latitudine e longitudine
e se mi vedi da lontano sono verde e blu

le ginocchia sono le punte degli emisferi
i cerchi delle braccia sono le orbite

guardami
il cielo ora ha croste insanguinate
la terra ha piaghe allungate

i miei piedini sono i piedini del mondo adesso
e non camminano

le mie mani non pregano più

le unghie pittate di nero
dove le teste umane affondano
sono pozzi
le teste sono troppo pesanti per la terra

la mia pancia è la fabbrica del mondo
produce giocattoli e antenne

perché il mondo veda il mondo
perché il mio occhio veda l'occhio

(*sai*
devi allontanarti dalla terra
per vedere la terra)

guarda l'alone bianco intorno
e calcola il numero terrestre

qualcosa rotola tra le mie vene
qualcuno dice: potrebbe esplodere

il battito che ascolti
sono le filastrocche
nei miei polsi
gridate dai bambini sulla terra

adesso guarda dentro il nero (*dentro il nero*
c'è il mio sangue)

nei miei occhi ci sono boschi senza mappe e direzioni
dove gli alberi hanno piccole braccia che strangolano i viandanti

nel buio galleggiano piccole cellule che cadono come meteore nel disordine terrestre

guarda
sulla mia pelle

non ci sono formiche rosse volanti ma ci sono strisce bianche di autostrada
e cartelli senza nomi di città che indicano che la terra

è solo spazio
e non ha tempo

i miei capelli neri crescono
senza tempo
senza dolore

osserva piano i miei capelli neri crescono

nel mio ombelico si ammassa pietra lavica
che lentamente spargo fino a coprire il mondo

il mondo rotola il mondo non ha padri terreni

con la cannuccia rosa foro lo spazio e succhio il rumore della terra

la mia granita di gelsi si scioglie sull'autostrada

e insanguina il mondo

Florinda Fusco

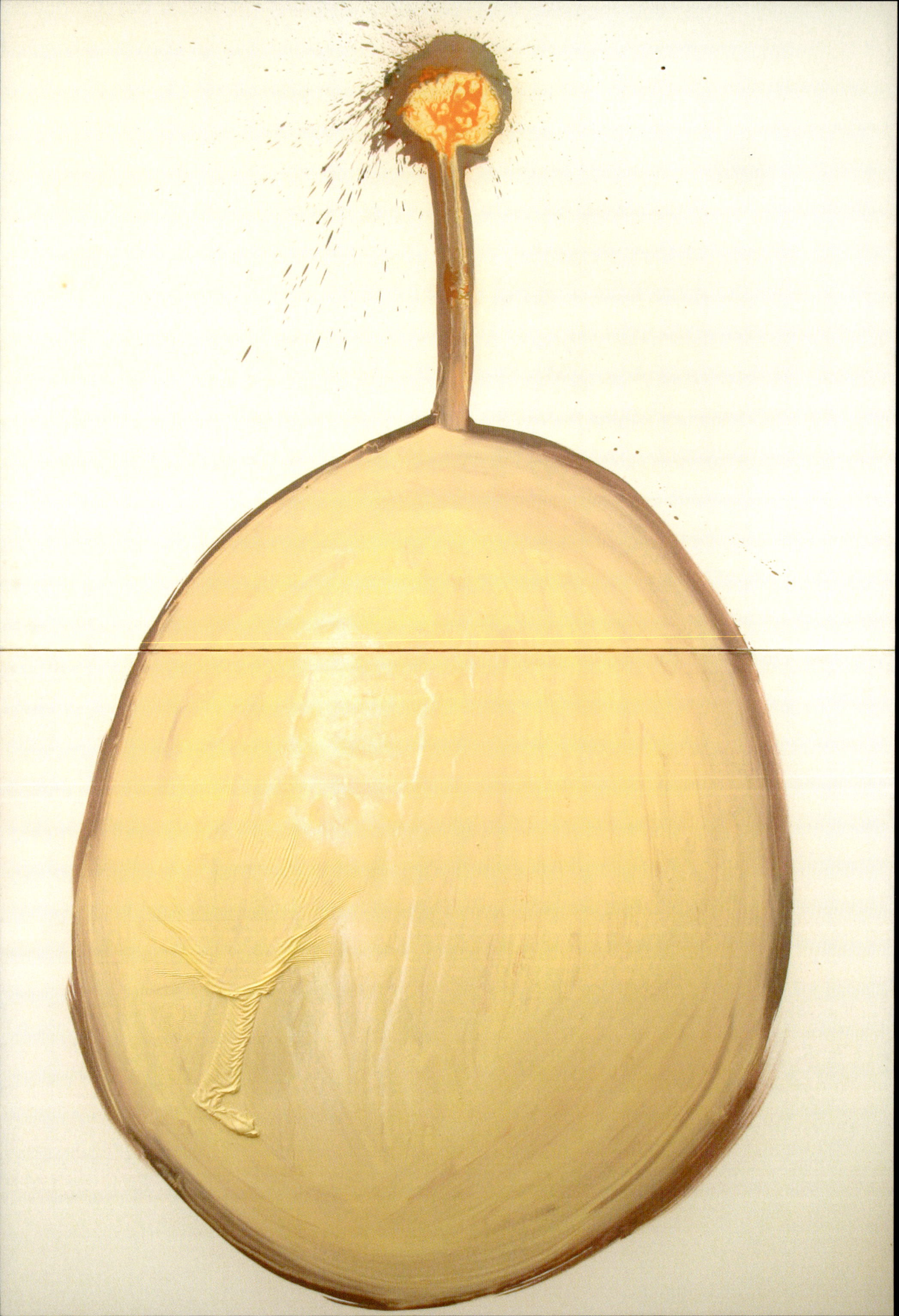

sono un terrestre ho scelto l'anima in un angolo (2 pezzi) smalti su tela cm 150 x 200 - 2005

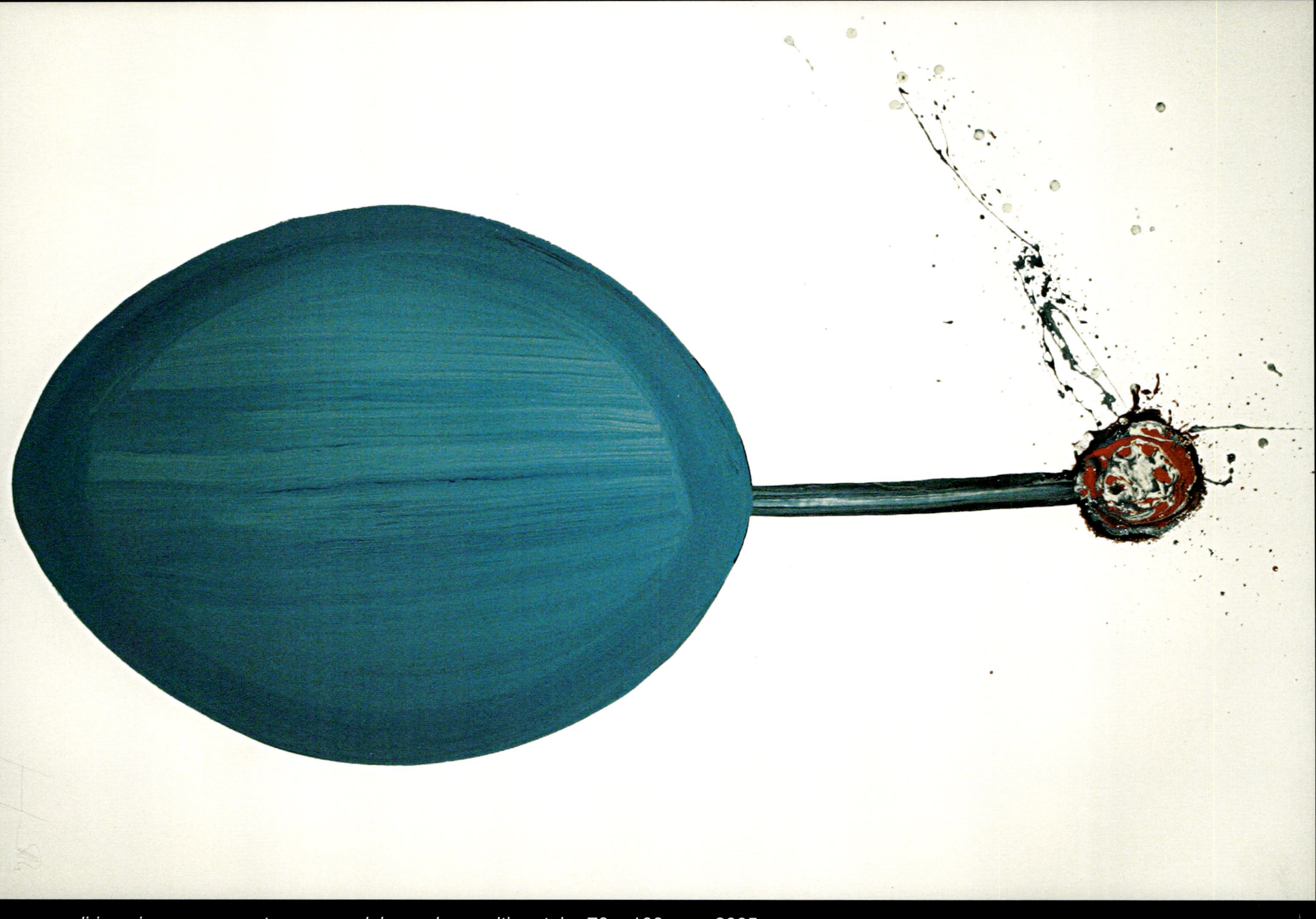

dirigersi verso un punto sempre del mondo, smalti su tela, 70 x 100 cm - 2005

Sono nato a Milano nel 1974. Ho studiato filosofia estetica all'Università degli Studi di Milano. Il mio metodo ricerca 'ignoto, l'errore e la contemporaneità. Uso deliberatamente sia la pittura che la poesia, la fotografia o l'installazione. L'artista è il tramite tra l'ignoto e il noto, e può utilizzare qualsiasi *forma* per esprimere l'incontenibilità dell'arte. L'interesse per la fotografia (ad. es.) è sorto da un *accidente* "magico".

Nel lavoro *Angolo destro in fondo* (2005), il lavoro fotografico, appunto, *Angolo destro in fondo* era già lì, davanti a me. La fotografia era già impressa nel mio rullino come per magia. Io l'ho solamente trovata e sviluppata come volevo, su alluminio. Nel 2006 cercherò di realizzare il lavoro 365: *per una metodologia antisociale (1° gennaio 2006 - 31 dicembre 2006)*. In questo lavoro raccolgo e incollo su supporti semplici e poveri tutti gli scontrini fiscali che mi danno, e ne farò un'installazione. Ogni giorno ha un prezzo, un valore, una forma. Ho partecipato a numerosi festival d'arte visiva e di poesia, nazionali e internazionali. Ho curato con Nicola Monti, in collaborazione con la Galleria Pio Monti di Roma (Flas Art Fair di Milano), serate di poesia sperimentale.

Ho pubblicato tre raccolte di poesie, *Escatologia (di una piuma)* (Edizioni il Filo, Roma), *La storia di Vera Blu (primi app* (Fara Editore, Rimini) e *Appunti di un terrestre* (Giulio Perrone Editore, Roma). Vivo e lavoro tra Bari e Finale Ligure.

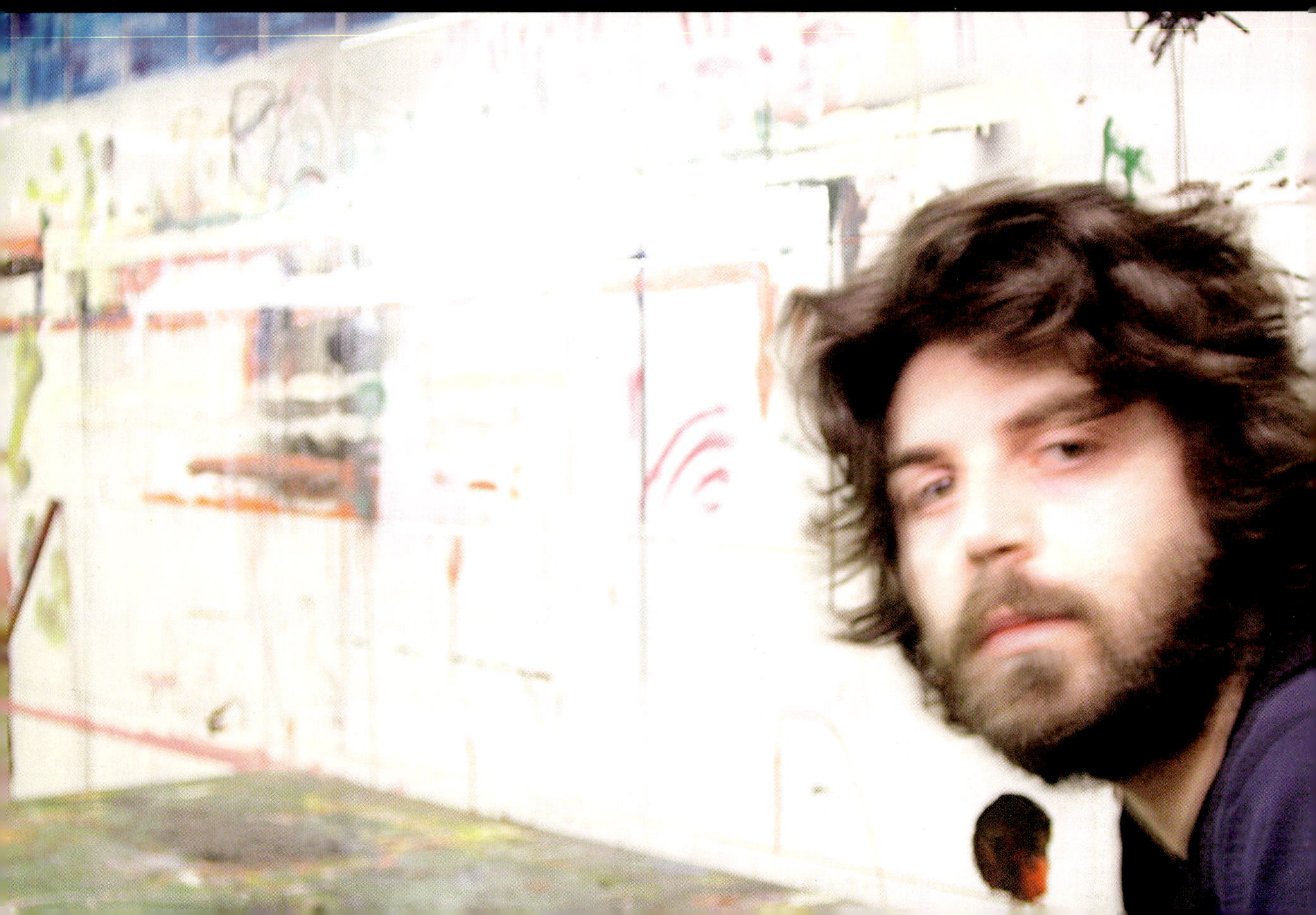

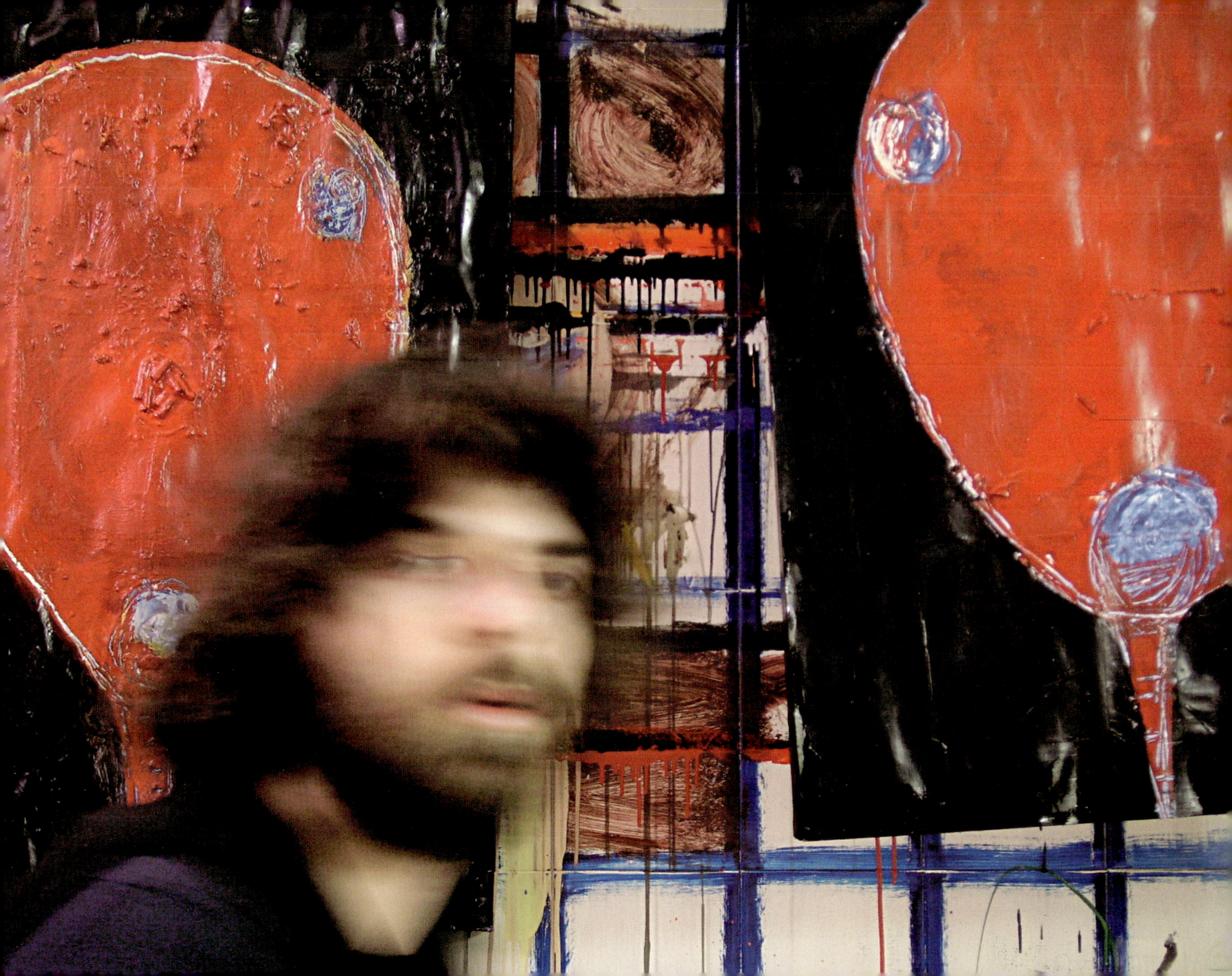

Solo Exhibitions

1998 “Abisso: quadri da buttare via”, paintings,
a cura di Enrico Pelle, Creuza de Mä, Alassio.

1999 “The 124, come fare a liberarsi
del mio pensiero”, paintings, a cura di Michelangelo Jr, Le Trottoir, Milano.

2000 “mondosiibuono” paintings
and performance “invisibileman”, a cura
di Corrado Brancato, Galleria Roma, Siracusa.
“Duel”, paintings and performance, Galleria Arte Bersani, Fortezza Castelfranco,
Finale Ligure (Sv); catalogo con saggi di Dino Carlesi e Tiziana Fornero.

2002 “Terra-Lux”, paintings and performance “maschera”,
Galleria Lalli-Home, Varenna.

2003 Book: *Escatologia (di una piuma)*, presentazione di Dino Carlesi,
Andrea G. Pinketts, Edizioni Il Filo, Roma.
“Estroflessioni di mondi sommersi”, paintings and performance
“tentativo di nudo”, Palazzo Ducale, Genova.

2004 “autobiografiavuoto”, paintings and performance “abisso-vuoto-me”,
a cura di Gianmaria Garavaglia, Galleria 02, Milano.

2005 “un cerchio,C’era una volta”, paintings, a cura di Beatrice Bregoli Orts,
Camera di Commercio Italiana, Nizza, Sophia Antipolis, Côte d’Azur. www.cciaa.org
“The story of Vera Blu”, paintings,
dvd a cura di S. Lusso, Silvens P. Gallery, New York.
“mondogirointornoame”, paintings,
a cura dell’Associazione Culturale Spiazzi, Galleria No Profit Spiazzi, Venezia.

2006 **Book**: *Appunti di un terrestre*, con saggio introduttivo di Giancarlo Rossi,
Giulio Perrone Editore. Roma www.giulioperroneditore.it

Group Exhibitions

2001 "No Art No", paintings, presso la Casa Occupata, NOGALLERY, Berlino.

2002 "E= mc2", paintings, performance "autobiografiavuoto"
con Alessandro Brocchi, Benedetto Vicino, e video *calciinfaccia*,
Galleria Arte Bersani, Fortezza Castelfranco, Finale Ligure (SV).
Roma Poesia, performance poetry "arrivando stretto stretti alla bocca dell'aria", Roma.
"Pink Memory", paintings and performance "loro ci hanno detto"
con Benedetto Vicini, Galleria a casa di Giorgio artecontemporanea,
Palazzo del Comune, Montecatini Terme.
2003 Salone internazionale del libro, performance poetry, Torino.
"Slam Poetry Sparajiuri", performance poetry, Torino.

2004 "3 x 3 dice 7", Galleria Pio Monti, Roma, Flash Art Fair, Milano, performance poetry con
Danilo Raimondi, Emanuele Gianeri, a cura di Nicola Monti,
Festival internazionale di poesia, performance poetry "vomito d'io",
a cura di Dea C., Università degli Studi di Reggio Emilia.
Festival delle arti, "anche uomo" paintings, Bologna.

2005 **Book**: *La storia di Vera Blu (primi appunti)* nell'antologia
La coda della galassia, Fara Editore, Rimini, www.faraeditore.it.
1° Festival degli Sbuffoni, performance poetry, Fabbrica del Vapore, Milano.
Respiro, *Angolo destro in fondo,* photograph su alluminio; collezione di Roberto Coda Zabetta in
memoria di Stefano Coda Zabetta, da Marina Abramovic a Gilberto Zorio www.respiro.info

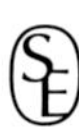
Silvana Editoriale Spa

via Margherita De Vizzi, 86
20092 Cinisello Balsamo, Milano
tel. 02 61 83 63 37
fax 02 61 72 464
www.silvanaeditoriale.it

Le riproduzioni, la stampa e la rilegatura
sono state eseguite presso lo stabilimento
Arti Grafiche Amilcare Pizzi Spa
Cinisello Balsamo, Milano

Finito di stampare
nel mese di marzo 2006